吉林通志

六

[清]長順 訥欽 修
[清]李桂林 顧雲 纂

吉林通志卷三十八

經制志三 祿餉

吉林將軍額俸銀一百八十兩養廉銀一千五百兩實領養廉銀六百六十八兩二錢五分辦公銀一千六百兩自將軍以下十旗各官弁俸餉數目均據兵司冊不註於逐條之下省文也

吉林副都統額俸銀一百五十五兩養廉銀五百二十兩實領養廉銀二百五十七兩四錢辦公銀八百兩按會典事例乾隆三十一年議准吉林將軍歲給養廉銀二千兩副都統七百兩恐誤

同治四年將軍阜保奏准吉林將軍提銀一千六百兩副都統提銀八百兩印務處提銀六百兩承辦處

提銀二百兩刑司提銀六百兩兵司提銀三百兩統
共提銀三千九百兩仍扣減平作爲辦公津貼此項
銀兩卽在新定菸木各稅盈餘項下撥給歸入奏銷
册內分別造報摺檔
十年又奏准添給戶司辦公銀三百兩工司二百兩
以資津貼卽由菸木稅盈餘項下提撥仍遵前定章
程覈減支發歸倂奏銷同上
甯古塔副都統伯都訥副都統阿勒楚喀副都統三
姓副都統琿春副都統額俸養廉辦公銀與吉林副
都統同琿春副都統無辦公銀

光緒六年將軍銘安奏准吉林各城副都統每歲應領廉俸共止實銀四百兩不敷支應現值籌辦邊防整飭營伍各城副都統奉公守法除廉俸外並無別項津貼仰懇
天恩俯准將甯古塔伯都訥阿勒楚喀三姓四城副都統津貼銀各八百兩由釐捐盈餘項下撥給並按照折放錢款章程每銀一兩折給中錢三千文支發以示
體恤而資辦公檔册
以上將軍副都統額俸銀一千一百一十兩養廉銀四千二百六十兩實領養廉銀二千二百十二兩六錢五分辦公銀

五千六百兩

共銀八千九百二十二兩六錢五分

光緒十五年將軍長順奏吉林官俸向以實銀發放自咸豐初年軍興以來庫款支絀經部頒發鈔票四萬兩行令搭放俸餉嗣因鈔票利少弊多奏請停止票雖繳部而票折名目未裁現在仍遵定章官俸按五成搭票每兩折實銀二錢五分其五成現銀內除減扣二成並扣六分平銀外共計每兩僅賸五錢零一釐之數即如協領係三品大員歲支俸銀一百三十兩照章折減發放實領銀六十五兩零僅賸原額

一半車馬履食公私費用皆在其中而佐防校尉等
官俸銀一律減扣藉此膺差實難敷衍窘困已極查
都京旗祿各營官俸現在發給十成黑龍江官俸亦
以八成發放吉林俸銀僅領五成未免向隅擬請歸
復舊制免去票折減扣發放實銀以示體恤如蒙
俞允所需添支俸銀卽在本省應徵地丁租稅項下覈實
動支摺檔　按此事部議未准
吉林滿洲八旗協領八員每員額俸銀一百三十兩
吉林蒙古旗協領一員烏拉協領一員五常堡協領一員甯
古塔協領二員伯都訥協領二員阿勒楚喀協領二員拉林

協領員一雙城堡協領員一三姓協領員二富克錦協領員一
琿春協領員二額俸銀與吉林滿洲八旗協領同
吉林烏槍營參領員一額俸銀一百三十兩
以上協領參領額俸銀三千二百五十兩
刑司辦公銀四百兩兵司辦公銀三百兩戶司辦公
銀三百兩工司辦公銀二百兩
以上辦公銀一千二百兩由稅銀項下支發
吉林滿洲八旗佐領員四十每員額俸銀一百五兩
吉林蒙古旗佐領員八烏槍營佐領員八烏拉佐領員八伊
通佐領員二額穆赫索羅佐領員一五常堡佐領員二甯古

塔佐領十二員伯都訥佐領十二員阿勒楚喀佐領八員拉
林佐領八員雙城堡佐領八員三姓佐領十六員富克錦佐
領四員琿春佐領八員額俸銀與吉林滿洲八旗佐領同
以上佐領額俸銀一萬五千二百二十五兩
吉林防禦二十六員每員額俸銀八十兩
烏拉防禦四員伊通防禦二員額穆赫索羅防禦一員四邊
門防禦四員五常堡防禦二員甯古塔防禦八員伯都訥防
禦八員阿勒楚喀防禦九員拉林防禦五員雙城堡防禦二員
三姓防禦八員富克錦防禦二員琿春防禦四員額俸銀與
吉林防禦同

以上防禦額俸銀六千八百兩
堂主事額俸銀六十兩
庫主事額俸銀六十兩
以上主事額俸銀一百二十兩
吉林滿洲八旗驍騎校四十員每員額俸銀六十兩
蒙古旗驍騎校八員烏槍營驍騎校八員烏拉驍騎校八員伊通驍騎校四員額穆赫索羅驍騎校一員五常堡驍騎校四員甯古塔驍騎校十二員伯都訥驍騎校十二員阿勒楚喀驍騎校八員拉林驍騎校八員雙城堡驍騎校八員三姓驍騎校十六員富克錦驍騎校四員琿春驍騎校八員額

俸銀與吉林滿洲八旗驍騎校同

以上驍騎校額俸銀八千九百四十兩

吉林城助教官員二每員額俸銀四十兩附助教官額俸外每員膏火錢二百四十吊委滿文教習六員每員膏火錢一百八十吊內支原餉者二員每員膏火錢一百四十四吊武教習四員每員膏火錢一百二十吊兩翼各加柴薪錢二百吊白山書院漢教習一員膏火錢三百六十吊漢委教習三員每員膏火錢一百八十吊加柴薪錢二百吊蒙古官學教習一員膏火錢二百四十吊加柴薪錢一百吊繙譯官學教習二員每員津貼錢一千六百七十吊額定學生三十名每名給錢七十二吊額外學生至十名者共給錢三百六十吊

以上各教習學生膏火柴薪津貼錢共九千四百六十八吊

烏拉滿教習額俸銀二十四兩甯古塔滿教習額俸

銀三十六兩委滿教習額俸銀二十四兩伯都訥滿教習阿勒楚喀滿教習三姓滿教習琿春滿教習額俸銀與甯古塔滿教習同

以上助教官滿漢教習委教習額俸銀三百八兩

凡助教官滿教習七品者額俸米四十五斛八斗八品者額俸米四十斛由各處公倉內開支

吉林銀庫九品筆帖式二員每員額俸銀二十一兩一錢一分四釐

吉林理刑九品筆帖式二員伯都訥銀庫九品筆帖式

阿勒楚喀銀庫九品筆帖式額俸銀與吉林銀庫九

品筆帖式同
吉林印務處四司主稿筆帖式十員每員額俸銀三十六兩辦公銀共六百兩
甯古塔印務處主稿筆帖式二員額俸銀與吉林印務處筆帖式同
阿勒楚喀印務處筆帖式二員每員額俸銀二十八兩
吉林承辦處筆帖式額俸銀三十六兩辦公銀二百兩
甯古塔承辦處筆帖式額俸銀與吉林承辦處筆帖式同

琿春承辦處筆帖式額俸銀二十四兩
甯古塔左右司主稿筆帖式四員五常堡左右司主稿筆帖式三員阿勒楚喀左右司主稿筆帖式四員拉林主稿筆帖式二員三姓左右司主稿筆帖式四員琿春左右司主稿筆帖式四員額俸銀與甯古塔主稿筆帖式同
蒙古旗筆帖式額俸銀三十六兩
四邊門筆帖式四員雙城堡不開底缺筆帖式六員額俸銀與蒙古旗筆帖式同
烏拉關防處筆帖式二員每員額俸銀二十四兩
雙城堡主稿筆帖式二員額俸銀與烏拉關防處筆帖

式同

以上銀庫理刑九品筆帖式印務處主稿筆帖式

承辦處筆帖式蒙古旗筆帖式邊門筆帖式關防

處筆帖式不開底缺筆帖式額俸銀一千七百零

六兩六錢八分四釐辦公銀八百兩

凡筆帖式七品者額俸米三十三斛八品者額俸米

二十八斛九品者額俸米二十一斛無品級者額俸

米三十斛二斗除琿春雙城堡照章折錢支領外均

由各城公倉內支領

吉林八旗領催二百三十七名每名額餉銀三十六兩

吉林蒙古旗領催四十七名吉林鳥槍營領催三十九名烏拉領催四十六名伊通領催十二名額穆赫索羅領催六名五常堡領催十名甯古塔領催三十六名伯都訥領催七十四名阿勒楚喀領催三十六名拉林領催三十六名雙城堡領催二十八名三姓領催九十三名富克錦領催二十名食半餉琿春領催四十名額餉銀與吉林八旗領催同

五常堡副甲領催十二名每名額餉銀十八兩

以上領催額餉銀二萬七千二百十六兩內富克錦食半餉

邊門領催四名每名額餉銀二十四兩

邊台領催二十八名每名額餉銀十八兩

採樺皮嚮導領催額餉銀三十六兩

以上領催額餉銀六百三十六兩

吉林八旗前鋒七十一名每名額餉銀三十六兩

吉林蒙古旗前鋒八名甯古塔前鋒八名伯都訥前鋒三十七名阿勒楚喀前鋒八名拉林前鋒八名雙城堡前鋒八名三姓前鋒三十七名琿春前鋒七名額俸銀與吉林八旗前鋒同

以上前鋒額餉銀六千九百十二兩

吉林八旗披甲二千二百八十三名每名額餉銀二十四兩

吉林蒙古旗披甲三百四十八名吉林烏槍營披甲五百六十九名烏拉披甲六百五十一名伊通披甲一百八十八名額穆赫索羅披甲一百十四名五常堡披甲四十名甯古塔披甲一千二百零七名伯都訥披甲八百八十八名阿勒楚喀披甲五百二十七名拉林披甲四百四十九名雙城堡披甲二百七十五名三姓披甲一千三百六十五名富克錦披甲四百名食半餉琿春披甲五百六十名額餉銀與吉林八旗披甲同

五常堡副甲兵一百五十名每名額餉銀十二兩共額餉銀一千八百兩

以上披甲額餉銀二十三萬三千七百三十六兩

內富克錦披甲食半餉

吉林採樺皮嚮導兵十五名每名額餉銀二十四兩共額餉銀三百六十兩

看守白山拜唐阿四名每名額餉銀十二兩共額餉銀四十八兩

吉林八旗匠役九十八名每名額餉銀十二兩

吉林蒙古旗匠役三名吉林烏槍營匠役十六名吉林水師營匠役四十五名烏拉匠役二十名伯都訥匠役三十五名阿勒楚喀匠役五名拉林匠役五名三姓匠役四十名額餉銀與吉林八旗匠役同

以上旗兵匠役額餉銀三千六百十二兩

吉林番役二十名每名額餉銀十二兩

五常堡番役二名甯古塔番役八名伯都訥番役七名阿勒楚喀番役十名雙城堡番役五名三姓番役八名琿春番役十二名額餉銀與吉林番役同

以上番役額餉銀八百六十四兩

吉林仵作二名每名額餉銀十二兩

甯古塔仵作二名伯都訥仵作二名阿勒楚喀仵作一名拉林仵作一名雙城堡仵作一名三姓仵作一名琿春仵作二名額餉銀與吉林仵作同

以上仵作額餉銀共一百四十四兩
吉林學習仵作二名每名額餉銀六兩
阿勒楚喀學習仵作拉林學習仵作雙城堡學習仵作三姓學習仵作與吉林學習仵作同
以上學習仵作額餉銀三十六兩
吉林將軍衙門八役工食銀二百七十六兩
吉林副都統衙門八役工食銀一百十兩
甯古塔副都統衙門伯都訥副都統衙門阿勒楚喀副都統衙門三姓副都統衙門琿春副都統衙門八役工食銀與吉林副都統衙門同

以上將軍副都統衙門人役工食銀九百三十六兩

水師營總管額俸銀一百三十兩

水師營四品官二員每員額俸銀一百零五兩

水師營五品官二員每員額俸銀八十兩

船務筆帖式額俸銀十八兩

水手領催十二名每名額餉銀十八兩

各站水手領催十二名每名額餉銀十八兩

水手二百五十名每名額餉銀十二兩

各站水手二十名伯都訥水手五十八名阿勒楚喀水手六名

拉林水手十四名額餉銀與水師營水手同

以上水師營俸餉銀五千一百二十六兩

總站官二員每員額俸銀四十兩

東西路驛站關防筆帖式二員每員額俸銀三十六兩

吉林管站筆帖式二十五員每員額俸銀三十六兩

甯古塔管站筆帖式五員伯都訥管站筆帖式四員阿勒楚喀管站筆帖式四員三姓管站筆帖式五員琿春管站筆帖式三員額俸銀與吉林管站筆帖式同

拉林管站筆帖式額俸銀二十四兩

雙城堡不開底缺管站筆帖式額俸銀與拉林管站

筆帖式同

東西兩路站關防領催二名每名額餉銀二十四兩

各站管站領催四十七名額餉銀同

附東西兩路站馬一千四百四十匹每馬草豆銀十八兩共

草豆銀二萬五千九百二十兩牛一千四百四十頭每牛草

豆銀十二兩共草豆銀一萬七千二百八十兩

以上總站官關防筆帖式管站筆帖式不開底缺

管站筆帖式額俸銀並站馬牛草豆銀共四萬六

千二百三十二兩

凡總站官七品者額俸米四十五斛八品者額俸米

四十斛各站筆帖式額俸米與前筆帖式有額俸米者同

吉林倉官額俸銀三十六兩

甯古塔倉官伯都訥倉官阿勒楚喀倉官拉林倉官三姓倉官額俸銀與吉林倉官同

吉林倉筆帖式員二每員額俸銀三十六兩

甯古塔倉筆帖式員二伯都訥倉筆帖式員二阿勒楚喀倉筆帖式員二三姓倉筆帖式員二額俸銀與吉林倉筆帖式同

拉林倉筆帖式額俸銀二十四兩

雙城堡倉筆帖式額俸銀與拉林倉筆帖式同

吉林官莊領催五名每名額餉銀二十四兩

甯古塔官莊領催三姓官莊領催拉林官莊領催額餉銀與吉林官莊領催同

以上倉官倉筆帖式官莊領催額俸餉銀八百十六兩

凡倉官倉筆帖式額俸米每員均三十斛四斗

烏拉總管額俸銀一百三十兩養廉銀二百兩由京都廣儲司銀庫領取四品翼領二員每員額俸銀一百零五兩五品翼領四員每員額俸銀八十兩驍騎校十五員每員額俸

銀六十兩筆帖式七員內倉官滿教習各一七品額俸銀三十三兩米三十三斛八品額俸銀二十八兩米二十八斛無品級額餉銀十二兩米十二斛倉場委筆帖式二員每員額餉銀十二兩七品章京四員七品驍騎校七員委官十四員額俸銀均在領催珠軒達內支領

以上餉銀一千七百九十五兩內筆式七員以三員每員三十三兩四員二十八兩核算

領催二十四名每名額餉銀三十六兩珠軒達一百十一名每名額餉銀二十四兩採蜜領催三名每名額餉銀二十四兩官莊領催額餉銀二十四兩打牲丁三千九百九十三名每

名額餉銀十三兩鋪副一百三十八名每名額餉銀十八兩
鐵匠二名每名額餉銀十八兩仵作額餉銀十八兩學
習仵作二名每名額餉銀十二兩弓匠額餉銀十二兩
以上領催珠軒達打牲丁鋪副弓鐵匠仵作額餉
銀五萬八千零八十三兩
順治十八年奏准打牲壯丁月給餉銀五錢由
盛京戶部支領會典事例
康熙二十九年覆准上三旗採捕壯丁每十名置珠
軒頭目一名月給餉銀二兩壯丁月給餉銀一兩嗣
後下五旗採捕東珠貂皮鱘鰉魚壯丁給發餉銀設

立珠軒頭目俱照上三旗之例會典事例六百八十三
乾隆十五年議准蜜戶內採蔆丁三百名多將所得入蔆竊與領信票之人以致欠缺蔆額改令採捕東珠效力贖罪無庸一例給與珠丁錢糧將其所得東珠存記如果所得之珠一等者多再令該將軍奏請賞給錢糧同上
十七年奏准蜜戶內採蔆丁改編十二珠軒捕得東珠一等者多應一例賞給錢糧珠軒頭目月給餉銀一兩五錢副頭目各一兩壯丁各五錢同上
三十二年奉

旨打牲烏拉採捕東珠每月給發錢糧五錢伊等生齒日繁生計不免拮据著加恩將每月食餉五錢者加倍添給銀一兩內務府大臣議定除舊有每月食餉二兩之採珠軒頭目及捕魚珠軒頭目九十三名毋庸添給外其食餉一兩五錢之珠軒頭目十二名各添給五錢每月食餉二兩食餉一兩之副頭目一百三十三名各添給五錢每月食餉一兩五錢食餉五錢之壯丁二千五百五十一名各添給五錢每月食餉一兩再無餉採蜜丁一百五十名改令採捕東珠伊等應得餉銀俱照現加之例賞給所加銀兩於盛京戶部存貯餘地租銀內動用同上

烏拉總管以下各員無隨缺地畝總管養廉銀二百兩由都京廣儲司銀庫領取其餘各員道光二十八年奏准涼水泉荒地撥給烏拉協署六千晌總署一萬四千晌按年派員徵收大租錢八千四百吊作津貼各員檔冊

烏拉總管衙門弁丁餉銀歷年隨同俸銀約五六萬兩咨報兩京戶部內除每銀一兩加添錢一吊改折銀三錢三分由將軍衙門戶司按年折銀一萬八九千兩就近支領外其餘約銀三萬餘兩均由盛京戶部領取報冊

光緒七年將軍銘安奏查打牲烏拉共設打牲丁三千九百九十餘名每年專司採捕一切
貢差其各項需費均由俸餉備辦乾隆三十一年奏准每丁月領實銀一兩各項差費尚敷應用咸豐四年經部議定吉林官兵俸餉每兩實銀均折給制錢一千發放已形苦累咸豐十一年至光緒六年各省連年積欠俸餉銀共計三十三萬九千九百兩有奇該衙門官丁俸餉積至八年未放而頻年辦差經費率多籍資丁力困苦莫告查省城放餉定章每兩均照市錢三千發放而烏拉官丁同一當差亟宜照章加

給以昭公允前請新放荒地所收大租皆係就地興
利若由此項支發可以不動正款仰懇
恩准該處應發俸餉仿照省城定章每兩作爲制錢三千
放給并由荒地大租項下每名每月各發放市錢一
千以恤丁力摺檔
吉林分巡道額俸銀一百三十兩養廉銀三千兩實
領俸廉銀二千九百四十二兩二錢按照六分辦公
銀二千兩自分巡道以下府廳州縣學佐俸廉數目均據各屬册報不註於逐條之下省文也減平核算
道署辦公銀兩光緒十四年借原本銀三萬發商一
分生息每年息銀三千六百兩以二千兩津貼道署

辦公以一千六百兩歸還原本

吉林府知府額俸銀一百零五兩養廉銀二千兩實領俸廉銀一千九百七十八兩七錢辦公銀一千兩

長春府知府額俸銀一百零五兩養廉銀二千兩實領俸廉銀九百五十四兩四錢零五釐按照五成搭票五成現銀內減扣二成並扣平六分核算凡伯都訥廳農安縣及學佐均仿此

伯都訥廳同知額俸銀八十兩養廉銀五百二十七兩六錢實領銀二百七十七兩九錢七分四釐

賓州廳同知額俸銀八十兩養廉銀一千兩實領銀一千零十五兩二錢辦公銀四百兩

五常廳同知俸廉辦公銀與賓州廳同
雙城廳通判額俸銀六十兩養廉銀八百兩實領俸
廉銀八百零八兩四錢辦公銀二百兩
伊通州知州額俸銀八十兩養廉銀八百兩實領俸
廉銀八百二十七兩二錢辦公銀二百兩
敦化縣知縣額俸銀四十五兩養廉銀八百兩實領
俸廉銀七百九十四兩三錢辦公銀二百兩
農安縣知縣額俸銀四十五兩養廉銀八百兩實領
銀三百八十三兩二錢六分五釐辦公銀二百兩
磨盤山州同額俸銀六十兩養廉銀三百兩實領銀

三百三十八兩四錢

以上道府同通州縣州同額俸養廉銀一萬三千八百九十七兩六錢實領銀一萬一千三百三十五兩二錢四分四釐辦公銀四千六百兩此項銀兩按年由徵收斗稅項下開支年終造册題銷

共銀一萬五千九百三十五兩二錢四分四釐

吉林府教授額俸銀四十五兩實領銀四十二兩三錢

長春府教授額俸銀四十五兩實領銀二十二兩五錢四分五釐

伯都訥廳訓導額俸銀四十兩實領銀二十兩零零四分照章折扣

賓州廳教諭額俸銀四十兩實領銀三十七兩六錢

五常廳教諭雙城廳訓導伊通州訓導敦化縣訓導額俸銀與賓州廳教諭同

農安縣訓導額俸銀四十兩實領銀二十兩零零四分照章折扣

以上教授教諭訓導額俸銀三百七十兩實領銀二百九十二兩九錢二分五釐此項銀兩按年由徵收斗稅項下開支年終造冊題銷

吉林府經歷額俸銀四十兩養廉銀一百二十兩實
領銀一百五十兩零四錢
長春府經歷額俸銀四十兩養廉銀一百二十兩實
領銀八十兩零五錢二分
五常廳山河屯經歷養廉俸銀與吉林府經歷同
伯都訥廳巡檢額俸銀三十一兩五錢二分養廉銀
三十一兩五錢二分實領銀十五兩七錢九分一釐
孤榆樹巡檢俸廉銀與伯都訥廳巡檢同
賓州廳巡檢額俸銀三十一兩五錢二分養廉銀七
十一兩五錢二分實領銀九十六兩八錢五分七釐

賓州廳燒鍋甸巡檢五常廳巡檢五常廳蘭彩橋巡檢雙城廳拉林巡檢敦化縣巡檢伊通州吏目俸廉銀與賓州廳巡檢同

朱家城照磨俸銀三十一兩五錢二分養廉銀七十一兩五錢二分

以上經歷巡檢吏目照磨俸廉銀一千四百三十兩零四錢此項銀兩按年由徵收斗稅項下開支年終造册題銷

吉林分巡道衙門門皁馬快轎繖扇夫各役三十九名工食銀二百六十一兩六錢實領銀二百四十五兩九錢遇閏二百八十三兩四錢實領銀二百六十六兩

三錢九分六釐

吉林府衙門門皁壯役馬快轎繖扇夫各役六十二名工食銀四百五十八兩四錢實領銀四百三十兩零八錢九分六釐遇閏四百九十六兩六錢實領銀四百六十六兩八錢零四釐

長春府衙門門皁壯役馬快轎繖扇夫各役六十二名工食銀四百五十八兩實領銀二百五十八兩五錢三分七釐遇閏不增

伯都訥廳門皁壯役馬快捕役轎繖各役六十四名工食銀四百二十七兩二錢實領銀二百四十兩零九錢

四分遇閏不增
賓州廳門皁壯役馬快轎繖扇夫各役名六十工食銀四百四十六兩四錢實領銀四百十九兩六錢一分六釐遇閏四百八十三兩六錢實領銀四百五十四兩五錢八分四釐
五常廳雙城廳伊通州敦化縣門皁壯役馬快轎繖扇夫各役工食銀與賓州廳同
農安縣門皁壯役馬快轎繖扇夫各役名六十工食銀四百四十六兩四錢實領銀二百五十一兩七錢六分九釐遇閏不增

伊通州磨盤山州同門皂各役二十六名工食銀一百五十六兩實領銀一百四十六兩六錢四分遇閏一百六十九兩實領銀一百五十八兩八錢八分

以上道府廳州縣州同各門皂壯役馬快轎繖扇夫各役工食銀四千四百三十九兩六錢實領銀三千六百七十二兩七錢六分二釐遇閏三千三百六十七兩實領銀三千一百六十五兩此項銀兩按年由徵收斗稅項下開支年終造册題銷

吉林府學齋夫門子各役十名工食銀六十兩零六錢六分七釐實領銀五十七兩零二分七釐遇閏六十

五兩七錢一分七釐實領銀六十一兩七錢七分四
釐
長春府學齋夫門子各役十名工食銀六十兩零六錢
六分七釐實領銀三十四兩二錢一分六釐遇閏不
增
伯都訥廳學齋夫門子各役工食銀與長春府學同
賓州廳學齋夫門子各役十名工食銀六十兩零六錢
六分七釐實領銀五十六兩三錢六分
五常廳學雙城廳學伊通州學敦化縣學齋夫門子
各役工食銀與賓州廳學同

農安縣學齋夫門子各役十名工食銀六十兩零六錢
六分七釐實領銀三十四兩二錢一分六釐
以上府廳州縣學齋夫門子各役工食銀五百四
十六兩零零三釐實領銀四百四十一兩四錢七
分五釐此項銀兩按年由徵收斗稅項下開支年終造册題銷
吉林府經歷門皁壯役二十四名工食銀一百六十五兩
六錢實領銀一百五十五兩六錢六分四釐遇閏一
百六十九兩實領銀一百五十八兩八錢六分
五常廳山河屯經歷門皁壯役工食銀與吉林府經
歷同

長春府經歷門皁壯役二十四名工食銀一百六十五兩六錢實領銀九十三兩三錢九分八釐遇閏不增

伯都訥廳巡檢門皁各役六名工食銀三十六兩實領銀二十兩零三錢零四釐遇閏不增

孤榆樹巡檢門皁各役工食銀與伯都訥巡檢同

賓州廳巡檢門皁各役十名工食銀六十兩實領銀五十六兩四錢遇閏不增

燒鍋甸巡檢五常廳巡檢蘭彩橋巡檢雙城廳巡檢拉林巡檢敦化縣巡檢門皁各役工食銀與賓州廳巡檢門皁各役同

農安縣巡檢門皁各役六名工食銀六十兩實領銀三
十三兩八錢四分
伊通州吏目門皁各役十名工食銀六十兩實領銀五
十六兩四錢遇閏六十五兩實領銀六十一兩一錢
朱家城照磨門皁各役二十二名工食銀一百三十二兩
以上經歷巡檢吏目照磨門皁各役工食銀一千
三百八十一兩二錢此項銀兩按年由徵收斗稅項下開支年終造册題銷
賓州廳捕盜營外委額餉銀一百四十四兩實領銀
一百三十五兩三錢六分遇閏加增
五常廳雙城廳伊通州敦化縣磨盤山州同捕盜營

外委餉銀與賓州廳捕盜營外委餉銀同

賓州廳捕盜營步勇五十名每名餉銀四十八兩額餉銀二千四

百兩實領銀二千二百五十六兩遇閏加增

五常廳雙城廳伊通州敦化縣磨盤山州同捕盜營

步勇額餉銀與賓州捕盜營步勇額餉銀同

以上捕盜營外委步勇額餉銀一萬五千二百六

十四兩實領銀一萬四千三百四十八兩一錢六

分遇閏加增此項銀兩按年由徵收斗稅項下開支年終造册題銷

凡旗幟號衣紮巾等每捕盜營給銀三十九兩九錢

八分五釐照章一年半給發一次共二百三十九兩九錢一分

實領銀二百二十五兩五錢一分五釐四毫（此項銀兩屆時由徵收斗稅項下開支年終造册題銷）

共銀二萬一千二百八十四兩六錢七分五釐四毫

文職養廉銀吉林八百五十九兩有奇（會典十一）

駐防養廉銀吉林五千兩（同上）

駐防兵丁紅白事例銀吉林一萬四千六百十一兩（同上）

駐防俸餉額數吉林三十七萬二千七百七十三兩有奇（同上）

額支官俸役食銀吉林一千五十兩有奇（同上）

按以上會典所載養廉銀事例銀餉銀官俸役食銀皆嘉慶以前定制與現在數目不同甄采之以備考核

東三省將軍副都統城守尉所管各庫歲貯京城及盛京移解官兵俸餉銀同上

乾隆三十三年遵旨議定八旗紅白賞銀內吉林甯古塔琿春伯都訥三姓拉林阿勒楚喀等駐防兵丁以旗民餘地租銀充賞會典事例二百六

三十四年議准駐防官兵遇有官差及勢不得已之

事各准請借官項免其起息其備借銀數吉林定以三萬四千兩會典事例一百五十四

四十三年議准

盛京每年委員赴部請領東三省俸餉銀一百二三十萬兩令協領同副關防攜帶該處平法赴部兑領

四十四年奏准

盛京戶部每年請領東三省俸餉於八月內派員赴京請領九月十五日以前到京十二月初十日以前運到儻有遲逾者參處

盛京銀庫於十二月內給發吉林黑龍江二省俸餉至

打牲烏拉地方俸餉銀四萬餘兩一併歸於吉林省俸餉銀內領回貯庫分季給發會典事例二百四

吉林各屬雜稅等項由將軍衙門徵收即抵充各該處俸餉上同

吉林將軍庫甯古塔副都統庫吉林副都統庫伯都訥副都統庫三姓副都統庫拉林副都統庫乾隆三十四年裁阿勒楚喀副都統庫各貯該處官兵俸餉及雜稅官莊糶賣糧食按年造册申報查核

盛京戶部銀庫貯金銀供東三省官兵俸餉各項賞賜之用

嘉慶元年議准在京八旗人員補放黑龍江吉林等處官員不論品級各給路費銀五十兩會典事例二百七

五年議准郭爾羅斯地方新設理事通判巡檢等官歲需俸廉等銀於吉林地丁項下開支會典事例二百二

六年議准東三省原食半俸旗員因老病告休其曾經出征打仗應行請俸人員如例應請給全俸者准給原食半俸應請給半俸者給原食半俸之半應請給半俸之半者再減一半其原係無俸之員雖經出征打仗祗以原品休致毋庸給與俸祿會典事例二百七

咸豐四年七月將軍景淳奏吉林俸餉及雜支等款

每年約需銀三十二萬餘兩除抵本省徵收地丁等銀及各項地租燒商票錢外不敷之銀向由京都撥領本年請領俸餉等銀迄今分釐未到春季俸餉以徵存各項錢文並倉穀抵放至秋季應需餉銀十二萬三千餘兩内除陳庻制錢作銀二千九兩零仍應照舊搭放實需銀十二萬九百九十餘兩今遵部議每銀一兩按制錢二千抵放秋季應需制錢二十四萬一千九百八十餘千約合銀八萬八千餘兩省中時價每兩銀易制錢二千七八百文秋季計可撙出銀三萬餘兩再查本省每年應徵地丁及燒鍋票等

銀十三萬餘兩內有搭收官票銀四萬兩不計仍徵
現銀九萬餘兩擬自今秋兵餉一律折錢內城照省
價提銀易錢外城難以運錢即照內城時價核錢給
銀又官員俸廉及雜支款項約需銀五萬四千二百
餘兩亦請今秋起除五成官票銀外餘均照制錢二
千折放所動銀款應按市平兌換吉林省庫存銀有
庫平市平之不同如庫平千兩出放應餘平銀二十
三兩三錢一分仍歸正款開銷如此變通籌辦吉林
統年應放俸廉兵餉及雜支一切並代請打牲烏拉
俸餉共需銀三十七萬餘兩以現時銀價論之每年

計可撙出十萬餘兩如將來銀價低落不及制錢二千之數卽隨時奏明改歸放銀舊制檔冊
同治十二年將軍奕榕奏言查吉省歲需俸餉等項銀兩除徵收各項銀錢抵充外其不敷銀兩全賴各省撥款隨時起解以資散放自咸豐甲寅至同治辛未各省共欠節年部撥俸餉等銀五十五萬六千餘兩現無一處批解到奉連年積欠不惟商塾難償而兵丁待餉尤急叩乞
天恩飭下山東河南等省刻將前撥未解吉林俸餉等銀星速報解以資接濟摺檔

光緒十二年八月奏准由練軍馬隊内抽撥馬隊一
起二百五十名歸入吉字營操練隨帶每月原餉銀
一千九百四十三兩按月由練軍餉内提送吉字營
摺
檔
十年二月將軍希元奏伯都訥城俸餉於道光十一
年奏准由伯都訥新城局號荒大租項下按市錢二
千五百文折銀一兩搭放相沿至今近年差務日重
餉項不敷支用每兵一年餉項所餘不過錢三十千
隨缺地十六晌僅得租錢八千津貼不敷膺差之用
擬請照通省章程每兩按市錢三千文核發以紓兵

困揹
檔
十七年九月將軍長順奏三姓拉林二處一切差費
並無正項開銷皆由俸餉籌攤近來各差倍增於昔
以有數之俸餉攤無窮之徭役官兵受累實深查甯
古塔琿春伯都訥阿勒楚喀等處副都統衙門先後
添給發商本銀各一萬兩所得息銀津貼差費按年
將收支銀數造册報部核銷在案三姓地處極邊拉
林適當孔道每年差費繁重官兵困苦情形正復相
同擬乞援照發商生息本銀之案由省城庫存俸餉
款內提給三姓本銀一萬兩拉林本銀六千兩各存

本處殷實鋪商互保結領按月一分生息每年所得
利息三姓以七百兩津貼需費五百兩歸還原本拉
林以四百二十兩支發差費以三百兩歸還原本均
俟原本歸足仍將本銀照舊生息作爲津貼捐檔
練軍營餉數
全營翼長員二每員薪水銀九百六十兩心紅銀一百
九十二兩共銀二千三百零四兩
文案翼長薪水銀五百五十二兩心紅銀一百九十
二兩
以上翼長薪水心紅銀三千零四十二兩

發審局總理薪水銀五百五十二兩心紅銀一百九十二兩
糧餉處總理薪水銀三百三十六兩心紅銀一百九十二兩
以上發審局糧餉處總理薪水銀一千二百七十二兩
文案委員薪水銀二百七十六兩
文案辦事官七員每員薪水銀一百五十六兩共銀一千零九十二兩
以上委員辦事官薪水銀一千三百六十八兩

發審局會辦薪水銀二百七十六兩委員三員每員二百七十六兩辦事官薪水銀一百五十六兩

糧餉處本省委員四員每員津貼銀九十六兩共銀三百八十四兩

以上會辦委員辦事官本省委員薪水津貼銀一千六百四十四兩

全營翼長書手六名每名薪水銀八十四兩共銀五百零四兩

文案處書手三名營務處書手四名糧餉處書手十八名發審局書手七名薪水銀均與全營翼長書手同

以上書手薪水銀三千一百九十二兩
全營翼長貼寫六名每名津貼銀四十八兩
文案處貼寫六名營務處貼寫四名糧餉處貼寫一名發審
局貼寫十五名津貼銀與全營翼長貼寫同
以上貼寫津貼銀一千五百三十六兩
吉林城馬隊統領二員每員鹽糧銀五百五十二兩心
紅銀四十八兩
伯都訥城馬隊統領一員三姓城馬步隊統領一員驍勇
營統領一員鹽糧心紅銀與吉林城馬隊統領同
以上統領鹽糧銀二千七百六十兩心紅銀二百

四十兩
吉林城馬隊委營總六員每員鹽糧銀三百兩心紅銀
二十四兩
吉林洋槍隊委營總二員甯古塔步隊委營總一員伯都
訥馬隊委營總一員三姓馬步隊委營總二員阿勒楚喀
馬隊委營總一員鹽糧心紅銀與吉林城委營總同
以上委營總鹽糧銀三千九百兩心紅銀三百十
二兩
吉林城馬隊委參領二十五員每員鹽糧銀二百二十八
兩

吉林城擡槍隊委參領一員四吉林城洋槍隊委參領
烏拉馬隊委參領二員二伊通馬隊委參領二員二額穆赫索
羅馬隊委參領一員一五常堡馬隊委參領一員一雙城堡馬
隊委參領二員二甯古塔步隊委參領四員四伯都訥城馬隊
委參領三員三三姓城馬步隊委參領七員七阿勒楚喀馬隊
委參領二員二拉林馬隊委參領二員二鹽糧銀與吉林城馬
隊委參領同
以上委參領鹽糧銀一萬二千七百六十八兩
吉林城馬隊委防禦二十九員每員一百五十六兩
吉林城擡槍隊委防禦一員一洋槍隊委防禦四員四烏拉馬

隊委防禦員二伊通馬隊委防禦員二額穆赫索羅馬隊委防禦員一五常堡馬隊委防禦員一雙城堡馬隊委防禦員二甯古塔步隊委防禦員四伯都訥馬隊委防禦員三三姓城馬步隊委防禦員七阿勒楚喀馬隊委防禦員二拉林馬隊委防禦員二鹽糧銀與吉林城馬隊委防禦同

以上委防禦鹽糧銀九千三百六十兩

吉林城馬隊委驍騎校二十九員每員鹽糧銀一百三十二兩

吉林城擡槍隊委驍騎校一員洋槍隊委驍騎校四員烏

拉馬隊委驍騎校二員伊通馬隊委驍騎校二員額穆赫索羅馬隊委驍騎校一員五常堡馬隊委驍騎校一員甯古塔步隊委驍騎校四員伯都訥馬隊委驍騎校三員三姓馬步隊委驍騎校七員阿勒楚喀城馬隊委驍騎校二員拉林城馬隊委驍騎校二員鹽糧銀與吉林城馬隊委驍騎校同

以上委驍騎校鹽糧銀七千六百五十六兩

吉林城馬隊委筆帖式二十員每員鹽糧銀一百二十兩

吉林城洋槍隊委筆帖式二員甯古塔步隊委筆帖式

二員伯都訥城馬隊委筆帖式三員三姓城馬步隊委筆帖式六員阿勒楚喀城馬隊委筆帖式一員鹽糧銀與吉林城馬隊委筆帖式同

以上委筆帖式鹽糧銀四千零八十兩

吉林城馬隊委官二十九員每員鹽糧銀一百二十兩

吉林城擡槍隊委官一員洋槍隊委官四員烏拉馬隊委官二員伊通馬隊委官二員額穆赫索羅馬隊委官一員五常堡馬隊委官一員甯古塔城步隊委官四員伯都訥城馬隊委官三員三姓城馬步隊委官七員阿勒楚喀城馬隊委官二員拉林城馬隊委官二員雙城堡馬隊委官二員

鹽糧銀與吉林城馬隊委官同
以上委官鹽糧銀七千二百兩
吉勝營管帶官薪水銀二百七十六兩心紅銀一百
零八兩
吉勝營辦事官薪水銀驍勇營辦事官薪水銀均一
百五十六兩
驍勇營營官員二每員鹽乾銀一百九十二兩心紅銀
四十八兩共銀四百八十兩
以上管帶官辦事官營官薪水鹽糧心紅銀一千
一百七十六兩

吉勝營隊官五員每員薪水銀一百四十四兩書手三名
每名餉銀八十四兩
驍勇營隊官十二員每員鹽乾銀一百四十四兩書手六名每名餉銀八十四兩
以上隊官書手薪水銀鹽乾餉銀三千二百零四兩
吉林城馬隊兵一千二百八十五名每名鹽糧銀八十四兩共銀十萬零七千九百四十兩
吉勝營什長十五名每名鹽糧銀一百十五兩六錢八分共銀一千七百三十五兩二錢馬勇五十名每名鹽

糧銀八十四兩共銀四千二百兩步勇九十名每名口糧銀五十一兩六錢共銀四千六百四十四兩長夫十五名每名口糧銀三十六兩共銀五百四十兩

驍勇營什長三十名每名口糧銀一百十五兩二錢共銀三千四百五十六兩步勇二百八十名每名口糧銀五十一兩六錢共銀一萬四千四百四十八兩長夫三十名每名口糧銀三十六兩共銀一千零八十兩

以上吉林城馬隊兵吉勝營驍勇營什長馬步勇長夫鹽糧銀十三萬八千零四十三兩二錢

烏拉馬隊兵八十八名每名鹽糧銀八十四兩共銀七千

三百九十二兩伊通馬隊兵七十五名額穆赫索羅馬隊兵四十七名五常堡馬隊兵六十三名甯古塔城步隊兵一百七十名每名五十一兩六錢伯都訥城馬隊兵一百三十八名三姓城馬步隊兵一百二十一名阿勒楚喀城馬隊兵一百零五名拉林城馬隊兵七十八名雙城堡馬隊兵七十八名鹽糧銀與吉林城馬隊兵同

以上吉林各外城馬步隊兵鹽糧銀七萬六千七百零六兩

共二十七萬九千四百六十五兩二錢

初設練軍原定統領歲支鹽糧銀九十六兩每委營

總六十兩每委參領四十八兩每委官馬兵均三十六兩每銀一兩折市錢二千五百文十三年每銀一兩改發市錢三吊光緒元年委官馬兵每員名歲加銀十二兩仍折錢放三年定統領歲支銀二百七十六兩心紅銀四十八兩每委營總一百九十二兩心紅銀二十四兩每委參領一百四十四兩每委防禦一百八兩每委驍騎校委筆帖式均九十六兩每馬兵如委驍騎校數是年停折錢發銀又光緒元年二年先後續增之練隊馬隊官兵制如前步兵原定每名歲餉銀三十六兩三年改爲四十八兩客隊當由

甘肅軍餉內開支二年奏准由吉林軍餉開銷其餉
數優於本省練隊三年改隸吉林城練隊餉照委營
總以下各官弁兵章程支放七年改如今鹽糧銀支
數據檔冊
初設洋槍步隊原定委參領歲支銀六十兩心紅銀
十二兩步兵三十六兩嗣增統領各員定統領歲支
銀五百五十二兩心紅銀四十八兩號令官二百十
六兩分教官九十六兩委營總六十兩心紅銀二十
四兩營官帶隊官督隊官均三十六兩號令官以下
各官均加馬乾銀三十三兩六錢步兵三十六兩四

年裁統領以下各員僅留營總改設委參領以下各員餉如練隊章程支放同上

初設擡槍步隊原定委營總歲支市錢二百十六吊步兵三十六吊由商息項下開支光緒三年改設委參領以下各員餉如練隊章程由練餉項下開銷同上

練軍餉銀光緒元年奏准每年江甯協撥餉銀十二萬兩山東河南安徽各協撥餉銀六萬兩共協撥吉林餉銀三十萬兩原定各省委解

盛京部庫按時派員赴領嗣因各省不能按時解到積欠過多三年奏准部庫墊發七年部議江甯山東河

南安徽四省協餉全行解部還款並將江甯協餉每年改爲十萬兩常年應領協餉銀二十八萬兩由部庫墊發檔册

光緒三年八月將軍銘安奏吉省練軍馬兵每名月領餉乾銀四兩步兵每名月領鹽糧銀三兩現在物價昂貴斷難敷用查奉省馬兵一名月領餉銀七兩零駐吉黑龍江之馬隊每名月餉亦係七兩同一練兵餉項獨絀相形未免向隅擬請仿照各省練軍章程馬兵餉乾每名月加三兩作爲七兩步兵鹽糧每名月加一兩作爲四兩如蒙

俞允即由本年八月分起支作爲定章檔册

靖邊軍餉數

督辦邊防事宜公費銀四千八百兩幫辦邊防事宜公費銀四千八百兩共公費銀九千六百兩自督辦以下公費薪水餉銀數目均據光緒十九年邊防糧餉處移文不註於逐條之下省文也

邊務文案總理一員薪水銀六百兩心紅銀一百九十二兩

邊務糧餉總理邊防營務總理各一員每員薪水心紅銀與文案總理同

以上邊務文案糧餉營務各總理薪水心紅銀共

二千三百七十六兩
幫辦行營文案總理薪水銀三百六十兩心紅銀一百九十二兩又營務總理薪水銀三百六十兩心紅銀一百九十二兩共薪水心紅銀一千一百零四兩
邊務文案會辦薪水銀三百六十兩邊防營務會辦薪水銀三百六十兩共薪水銀七百二十兩
邊務文案隨同辦事委員二員每員薪水銀二百五十六兩
邊務糧餉隨同辦事委員二員幫辦行營文案隨同辦事委員二員又營務隨同辦事委員一員薪水銀與糧餉

辦事委員同

以上各辦事委員共薪水銀一千七百九十二兩

邊務文案差遣委員二員每員薪水銀二百十六兩

邊務糧餉差遣委員二員邊防營務差遣委員四員幫辦行營文案差遣委員二員又營務差遣委員二員薪水銀與邊務文案差遣委員同

以上各差遣委員薪水銀二千五百九十二兩

邊務文案辦事官二員每員薪水銀一百八十兩

邊務糧餉辦事官二員邊防營務辦事官四員幫辦行營文案辦事官二員又營務處辦事官三員薪水銀與邊務

文案辦事官同

以上各辦事官薪水銀二千三百四十兩

邊務文案委員二員每員薪水銀一百四十四兩

邊務糧餉委員二員邊防營務委員七員邊防承辦處委員二員幫辦行營文案委員二員又營務委員二員薪水銀與邊務文案委員同

以上各委員薪水銀二千四百四十八兩

邊務文案書識十八名每名薪水銀八十四兩

邊務糧餉書識十五名邊防營務書識十四名邊務承辦處書識二名幫辦行營文案書識十六名又營務書識十四

名
薪水銀與邊務文案書識同
以上各書識薪水銀共六千六百三十六兩
幫辦行營俄語通事又朝語通事各一員　薪水銀各一
百九十六兩共薪水銀三百九十二兩
琿春俄文書院洋教習薪水銀七百二十兩又醫官
薪水銀一百五十六兩又醫生薪水銀一百二十兩
共薪水銀九百九十六兩
以上通事洋教習醫官醫生薪水銀一千三百八
十八兩
統領兼營官六員　每員薪水銀六百兩共薪水銀三千六

百兩每員公費銀一千六百四十兩又兼營官公費銀一千二百兩共薪水公費銀二萬零六百四十兩

馬隊營官五員每員薪水銀六百兩公費馬乾銀一千一百零四兩共薪水公費馬乾銀八千五百二十兩

步隊營官五員每員薪水銀六百兩又公費銀一千二百兩共薪水公費銀九千兩

以上統領營官薪水公費馬乾銀共三萬八千一百六十兩

統領隨同辦事官六員每員薪水銀二百七十六兩共薪水銀一千六百五十六兩

統領差遣委員六員每員薪水銀二百十六兩共薪水銀一千二百九十六兩

步隊辦事官十一員每員薪水銀一百八十兩共薪水銀一千九百八十兩

步隊哨官五十五員每員薪水銀二百十六兩共薪水銀一萬一千八百八十兩

馬隊幫帶官十員每員薪水銀一百二十兩馬乾銀七十二兩共薪水馬乾銀一千九百二十兩

步隊哨官五十五員每員薪水銀一百四十四兩共薪水銀七千九百二十兩

馬隊哨官員二十每員薪水銀一百四十四兩共薪水
銀二千八百八十兩
馬隊督隊官員二十每員薪水銀一百零八兩共薪水
銀二千一百六十兩
馬隊三哨哨官員三每員薪水銀一百四十四兩共薪
水銀四百三十二兩
督隊官員三每員薪水銀一百零六兩共薪水銀三百
十八兩
以上統領隨同辦事官又差遣委員馬步隊辦事
官哨官幫帶官督隊官薪水馬乾銀共三萬一千

四百四十二兩
馬隊營字識五名每名薪水銀七十二兩馬乾銀三十六兩
步隊營字識十一名每名薪水銀一百零八兩
以上馬步隊字識薪水馬乾銀一千七百二十八兩
步隊什長五百五十名每名餉銀五十四兩共餉銀二萬九千七百兩
步隊正兵四千九百五十名每名餉銀四十八兩共餉銀二十三萬七千六百兩

步隊伙夫長夫搬運長夫一千二百十名每名工食銀三十六兩共工食銀四萬三千五百六十兩

馬隊什長一百二十五名每名餉乾銀九十兩共餉乾銀一萬一千二百五十兩

馬隊正兵一千零二十五名每名餉乾銀八十四兩共餉乾銀八萬六千一百兩

馬隊三哨什長十五名每名餉乾銀九十兩共餉乾銀一千三百五十兩

馬隊三哨正兵一百二十名每名餉乾銀八十四兩共餉乾銀一萬零零八十兩

馬隊三哨伙夫馬夫搬運長夫三十九名每名工食銀三十六兩共餉乾銀一千四百零四兩

以上馬步隊十六營三哨什長正兵伙夫長夫搬運長夫餉乾銀共四十二萬一千零四十四兩

松花江水師總哨官薪水銀三百六十兩公費銀三百六十兩共薪水公費銀七百二十兩

辦事官薪水銀一百八十兩哨官二員每員薪水銀一百九十二兩雜費銀七十二兩共薪水雜費銀七百零八兩

艙長九員每員薪水銀一百二十兩雜費銀三十六兩

字識薪水銀一百零八兩共薪水雜費銀一千四百四十兩

號令二名每名餉銀五十四兩舵工十二名每名餉銀五十七兩六錢頭工十二名每名餉銀五十四兩礮勇十三名每名餉銀五十一兩零四錢槳勇一百零八名每名餉銀四十三兩二錢共餉銀七千六百二十四兩八錢

以上松花江水師總哨官辦事官艙長字識號令舵工頭工礮勇槳勇薪水公費雜費餉銀一萬零四百九十二兩八錢

圖們江水師領哨薪水銀二百四十兩公費銀一百

二十兩共薪水公費銀三百六十兩

艙長二員每員薪水銀一百二十兩雜費銀三十六兩

字識薪水銀一百零八兩共薪水雜費銀四百二十

兩

號令二名每名餉銀五十四兩舵工三名每名餉銀五十

七兩六錢頭工三名每名餉銀五十四兩礮勇八名每名

餉銀五十兩零四錢槳勇二十八名每名餉銀四十三兩

二錢共餉銀二千零五十三兩八錢

以上圖們江水師領哨艙長號令舵工頭工礮勇

槳勇薪水公費雜費餉銀二千八百三十三兩八

錢

三岔口招墾局總理薪水銀四百八十兩心紅銀九十六兩又委員薪水銀二百七十六兩琿春招墾總局薪水銀四百八十兩心紅銀一百九十二兩又委員薪水銀二百十六兩共薪水心紅銀一千七百四十兩

穆棱河招墾分局委員薪水銀一百五十六兩心紅銀四十八兩五道溝招墾分局委員南岡招墾分局委員薪水心紅銀與穆棱河分局委員同

以上招墾分局各委員薪水心紅銀六百十二兩

三岔口招墾局司事員二每員薪水銀一百二十兩又屯總員五每員薪水銀一百四十四兩共薪水銀九百六十兩

三岔口招墾局書識名三每名薪水銀八十四兩

三岔口招墾局通事穆棱河招墾分局書識琿春招墾局書識名四五道溝招墾分局書識南岡招墾分局書識薪水銀與三岔口招墾局書識同

以上書識通事薪水銀共六百七十二兩

三岔口招墾局獵戶名四十每名工食銀四十八兩共工食銀一千九百二十兩

三岔口招墾局夫役十一名每名工食銀三十六兩
穆棱河招墾分局夫役二名琿春招墾局夫役五名五道
溝招墾分局夫役二名南岡招墾分局夫役二名工食銀
與三岔口招墾局夫役同

以上夫役工食銀共七百九十二兩

共銀五十四萬二千八百二十兩零六錢

附機器局經費

製造軍火經費原定每年部庫撥銀十萬兩光緒十
年分撥北洋行營製造局銀二萬兩嗣又裁表正書
院銀二千五百兩吉林實領銀七萬七千餘兩十三

年以經費不敷經部議准分撥北洋行營銀二萬兩
仍行劃還吉林自是按年應領銀九萬七千餘兩是
年黑龍江練軍應需洋藥等項部議卽由吉林製造
經費內匀挪動用今據十八年册報按年局費員弁
薪工開支銀四萬七千九百餘兩購辦物料開支銀
四萬餘兩而以餘銀代黑龍江練軍製造軍火之用
年終覈實奏銷吉齊兩軍軍火應需銀一萬八千八
百餘兩按年由海軍衙門發給而黑龍江鎭邊軍軍
火亦由吉林製造歲定銀三萬兩爲則
機器局經費每年部庫撥銀十萬兩

以上本局開支代製黑龍江練軍軍火製造吉字齊字兩營軍火黑龍江鎮邊軍火共銀十四萬七千餘兩

吉字練軍餉數

總統薪水銀一千四百四十兩馬乾銀二百八十八兩公費銀二千四百兩

幫統薪水銀一千二百兩馬乾銀二百八十八兩

左右翼統領二員每員兼營官一每員統領公費銀一千六百八十兩營官薪水銀六百兩公費銀九百六十兩共薪水公費辦公銀六千四百八十兩隨同辦事委員

二員每員薪水銀二百七十六兩共薪水銀五百五十二兩

營務總辦薪水銀四百八十兩會辦薪水銀三百六十兩委員二員每員薪水銀一百五十六兩

文案總辦會辦薪水銀與營務總辦會辦同又委員三員每員薪水銀二百十六兩

糧餉總理薪水銀三百六十兩

軍械委員薪水銀二百七十六兩

稽查委員薪水銀與軍械委員同

差遣委員二員每員薪水銀二百十六兩共薪水銀四

百三十二兩

辦事官四員每員薪水銀一百八十兩共薪水銀七百

二十兩

馬隊四營營官四員每員薪水銀六百兩公費銀九百

六十兩馬乾銀一百四十四兩共薪水公費馬乾銀

六千六百十六兩

幫帶官四員每員薪水銀一百二十兩馬乾銀七十二

兩共薪水馬乾銀七百六十八兩

字識四名每名薪水馬乾銀一百零八兩共薪水馬乾

銀四百三十二兩

總令官薪水津貼銀二百七十六兩馬乾銀三十六兩

令官二員每員薪水銀二百十六兩馬乾銀三十六兩共薪水馬乾銀五百零四兩

教習六名每名薪水銀一百九十二兩馬乾銀三十六兩共薪水馬乾銀四百五十六兩

哨官二十員每員薪水銀一百四十四兩馬乾銀七十二兩共薪水馬乾銀四千三百二十兩

督隊官二十員每員薪水銀一百零八兩馬乾銀三十六兩共薪水馬乾銀二千八百八十兩以上不扣建

什長一百名每名口糧馬乾銀九十兩共口糧馬乾銀
九千兩
正兵九百名每名口糧馬乾銀八十四兩共口糧馬乾
銀七萬五千六百兩以上扣建
步隊八營營官八員內營官二統領兼每員薪水銀六百兩辦
公銀九百六十兩共薪水辦公銀九千三百六十兩
內除營官二員薪水公費詳前
辦事官八員每員薪水銀一百八十兩共薪水銀一千
四百四十兩
字識八名每名薪水銀一百零八兩共薪水銀八百六

十四兩
令官七員每員薪水銀二百十六兩共薪水銀一千五百十二兩
教習十四名每名薪水銀一百九十二兩共薪水銀二千六百八十八兩
哨官四十員每員薪水銀二百十六兩共八千六百四十兩
哨長四十員每員薪水銀一百四十四兩共五千七百六十兩以上不扣建
什長二百名每名口糧銀五十四兩共一萬八百兩

正兵一千八百名每名口糧銀四十八兩共八萬六千四百兩以上扣建

以上吉字練軍營餉共二十四萬四千一百四十兩

以上自將軍起至練軍營止額俸養廉薪水工食兵餉總共實領銀一百六十三萬七千二百九十七兩五錢四分七釐四毫

吉林通志卷三十九

經制志四　倉儲

吉林城

倉監督一員由協領內揀派無專員各城皆同倉官一員倉筆帖式二員管理出入倉穀據册報後凡類此者不悉注引他書乃注之

永甯倉按即公倉在城內東北隅倉房六十四間大門一間看倉堆撥房三間辦事檔房三間周圍土垣一百三十四丈高五尺

太平倉按即公倉在城內永甯倉左倉房六十間大門一間看倉堆撥房三間周圍土垣一百二十三丈五尺

高五尺康熙二十八年於城外西南隅蓋造太平倉二十間三十九年添蓋倉廒二十間四十三年兵力捐建永甯倉乾隆三年將永甯倉改爲官項檔房十八年太平倉地窪水患移建城內如今制又於原建倉房外添建二十間共六十間按會典事例作十六年奏准吉林舊有太平倉四十間改建六十間四十年重修永甯倉五十四年改修樓倉是年又改太平倉爲樓倉嘉慶七年八年重修永甯倉二號六號二十間二十三年重修永甯倉太平倉爲倉廒同治四年光緒七年兩次重修太平倉冊報兼參八旗通志檔案

義倉在永甯倉院内倉房九十六間
鑲黄旗雍正五年建造義倉三間九年添修三間十
二年添修三間正黄旗雍正七年建造義倉三間九
年添修三間十一年添修三間正白旗雍正五年建
造義倉三間八年添修三間十二年添修六間正紅
旗雍正六年建造義倉三間七年添修三間十二年
添修三間鑲白旗雍正五年建造義倉三間七年添
修三間十二年添修二間鑲紅旗雍正六年建造義
倉三間九年添修三間十二年添修三間正藍旗雍
正五年建造義倉三間七年添修三間十二年添修

三間鑲藍旗雍正五年建造義倉三間八年添修三間十二年添修三間俱建造在城東北角六十間官倉地址內八旗通志二十四乾隆二年題准吉林正紅旗增建義倉三間四年題准吉林鑲黃正黃鑲藍三旗各增建義倉三間六年題准吉林鑲黃正黃二旗各增建義倉三間鑲白旗增建義倉六間會典事例六百六十八

按義倉增建與現在倉房九十六間不符事遠難以詳考

米倉五間兵力修建乾隆二十二年官款修五十九年裁汰

公倉額存糧七萬石吉林外紀五歲徵官莊壯丁穀一萬一千一百九十七石四斗五升

乾隆四十一年議准地糧項下額徵存倉米石吉林官莊米石每石徵耗米三升以備折耗會典事例一百六十一

嘉慶十七年五月

諭內閣賽沖阿等奏吉林官莊壯丁積年拮据情形一摺據稱該處官莊設立之初丁戶富庶地土肥腴歷年來壯丁缺額牛隻不敷原數兼有拋荒地畝不堪耕種糧石攤徵致多積欠請量加調劑等語吉林官莊丁戶近多缺額應將軍等徹底清徵糧石逐漸攤徵丁力日形竭蹶既據該

査自應覈實辦理著照所請加恩將該處應徵丁糧即以
一萬零六百八十石作爲正額所缺壯丁二百四十三名
准其以現存幼丁於五六年後添補足數所缺官牛一百
一十七隻准其於五年倒斃牛銀内豫支一半銀一千零
五兩陸續買補每年仍領未支一半銀二百零一兩俾資
接年添補其不堪耕種地畝即於零星閒荒内挑揀撥補
招丁抵租至所欠官糧二千九百五十九石四斗著加恩
豁免一半餘賸糧石著落值年官員名下分作五年賠補
交倉俟糧額交完方准更換並著該將軍等於將來丁牛
敷額撥補地畝齊全後再行察看情形將能否查照原額

交糧之處另行酌議具奏訓六十聖

公倉存糧以備支給文員俸米等項之用除額存外其餘照例比時價減銀一錢糶賣旗兵仍將支給賸存糧數於六月內造册咨送戶部覈銷吉林外紀五

按吉林公倉存糧除文員俸米外有陣亡官兵孀婦之糧有醫官家屬之糧有木舩匠之糧有白山牛羊豬鹿豆料之糧有獄犯之糧據光緒十七年册連俸米共發糧六千一百三十五石八斗四升三合四勺餘則糶給兵丁

義倉額存糧三萬四千石吉林外紀五歲徵兵丁牛具穀

四千九百九十二石
嘉慶十七年三月將軍賽沖阿奏言吉林所屬義倉
係於雍正五年原任將軍哈達遵
旨湊集兵力牛具設立義倉以備歉年接濟之用每年添置
耕牛農器以及修理倉廒均係兵力自備並不動用
官項乾隆七年原任將軍鄂彌達奏請將兵力添置
牛具修倉之湊項停止即於每年應交新糧內作為
三分以二分抵換倉貯陳糧糶賣以備修倉置具之
用青黄不接之時如各該兵窮無籽種口食者酌量
借支秋後還倉年終將銀穀各數報部准行在案乾

隆三十八年又經原任將軍富椿等奏稱每年應交
糧內存倉一分年久存穀愈多又須添建倉廒積貯
糧石轉恐霉爛不能適用請吉林以八萬石定爲義
倉正額如糧石逾額之時即於陳糧內發糶每石照
市價減銀一錢所糶糧價貯庫以備修倉置具公用
年終造報核銷各城亦酌定存額照辦等因奉
旨知道了欽此欽遵亦在案玆查義倉定額以來吉林所屬
存倉以八萬石爲額甯古塔義倉額存穀一萬一千
石琿春義倉額存穀二千五百石伯都訥義倉額存
穀一萬石三姓義倉額存穀一萬二千石阿勒楚喀

義倉額存穀五千石拉林義倉額存穀五千石通共
額存穀十二萬五千五百石當年春借者卽於秋後
還倉如遇歉收借支者各照奏定限期分作二年補
還至各倉計有額外多存穀石均於青黄不接之時
減價發糶立法之初因兵之利以利兵甚於八旗有
益惟是歷年春間借支暨逾額發糶並不隨時咨報
止於秋後還倉年終請銷始行咨部殊非愼重倉庫
之道應請嗣後兵丁借支籽種口糧一項逾額發糶
一項各城副都統及時咨報臣等衙門查核彙咨戶
部至秋後兵丁還倉請銷糶價之時各副都統確查

造册咨送臣等详细核明于次年开印后分别汇案具题以昭慎重档十九年七月将军富俊奏言八旗公义二仓向不贮米恐致霉变原奏概称粮石未经分晰米谷其实贮粮二万石即系贮谷二万石请更正折征本色谷二万石以备积贮同上

吉林各处每牛彔立牛具一具拨兵三名耕种义仓地亩吉林共牛具一百四具每具年纳仓粮四十八石核计应交义仓粮四千九百九十二石除额存八万石余粮粜卖仍将交纳粜卖粮数于三四月内造

册咨送戶部覈銷吉林外紀五

吉林公義二倉公倉額存糧七萬石供應各項口糧備用四千石外如有逾額之糧春間糶與旗人所糶價銀作爲修理各項工程之用年終報銷左右兩翼義倉共應額存糧三萬四千石如有額外之糧糶與旗人價銀即作修理義倉買補牛具費用年終報銷每年春間官兵借糧在義倉支給秋後還倉檔册

水師營　義倉在城外西南隅倉房七間册報乾隆七年題准初建三間十一年題准增建四間會典事例六百六十八十二年重修

額存糧三千石

烏拉城總管衙門　倉官一員倉筆帖式二員

公倉舊在城外乾隆二十五年移建城內東北隅倉

房七座以十二干支及春夏字編立每字五間共七

十間

額存糧二萬石歲徵五官屯屯丁穀三千二十四石

烏拉城協領衙門　倉官一員倉筆帖式二員

義倉在城外東北隅倉房十三間原係草房乾隆二

十一年改建瓦房五間二十七年又改建瓦房五間

三十四年又改建瓦房三間均動用糶穀銀

額存糧一萬三千石歲徵兵丁牛具穀七百六十八石

烏拉額赫穆等站　義倉四十五間每站三間以舊設十五站言之水手義倉三間原係草房站丁水手修建乾隆十八年三十一年糶穀銀改修瓦房

額存倉穀一萬二千石

金珠鄂佛羅等站　義倉三十間每站三間以舊設十站言之原係草房站丁修建乾隆二十一年糶穀銀改修瓦房

額存倉糧六千石

按各站倉穀均歸本站筆帖式委官一員經理

巴彥鄂佛羅邊門　七臺義倉二十一間每臺三間原係草房臺丁修建乾隆三十年四十八年糶穀銀改修瓦房

額存倉糧四千石

伊通邊門　七臺義倉二十一間每臺三間原係草房臺丁修建乾隆二十九年三十七年糶穀銀改修瓦房

額存倉糧四千石

赫爾蘇邊門　八臺義倉二十四間每臺三間原係

草房臺丁修建乾隆三十五年五十六年糶穀銀改

修瓦房

額存倉糧四千石

伸爾圖庫邊門　七臺義倉二十一間每臺三間原

係草房臺丁修建乾隆二十九年四十一年糶穀銀

改修瓦房

額存倉糧四千石

按四邊門倉穀均歸各邊門防禦筆帖式經理

伊通佐領衙門　委官一員由驍騎校内揀派無專員

義倉在衙門東北隅倉房六間建年無考道光年間

重修光緒八年續修
額存糧一千六百石歲徵兵丁牛具穀九十六石光
緒十七年實存穀一千七百五十八石四斗
五常堡未建倉廒亦無存穀
甯古塔城
倉監督一員由協領內揀派　倉官一員倉筆帖式
二員管理出入倉穀
公倉在城內東北隅倉房四十間大門一間看房堆
撥房二間辦事檔房二間原係兵力苫草修建乾隆
八年改建倉瓦房十五間十四年改建瓦房十間二

十七年改建瓦房五間三十二年改建瓦房五間三十八年改建瓦房五間四十八年將倉檔房堆撥房改建瓦房

義倉一在城西北隅一在東門外兩所倉房共三十二間

乾隆十二年因義倉苫草修建將歷年糶穀銀兩改建瓦房

公倉額存糧二萬五千石（吉林外紀五）歲徵官莊壯丁穀三千九百石光緒十七年實存倉穀二萬九千三百八十石二斗五升八合

義倉額存糧一萬二千石吉林外紀五歲徵兵丁牛具穀五百七十六石光緒十七年實存倉穀一萬二千七百二十八石

道光二十三年將軍經額布奏言查吉林所屬各城出糶倉穀俱係兵力認買在該兵應得餉銀內扣款令甯古塔本年分穀石每一倉石僅值時價銀二錢零部示不及四錢不准濫售著令停糶候價自應遵照但該處倉廒穀石俱已盈滿自道光十三年至今吉林所屬各城連歲豐收糧多價賤該兵丁認買倉貯出陳之穀似未便於時價之外增價承買致滋苦

累仰懇恩准將吉林所屬各城應糶陳穀每一倉石
請照各該城按當年四月分實在時價仍照例減價
一錢出糶庶陳穀不致有久貯霉變之虞而新徵穀
石亦得收貯存倉于倉儲兵丁兩有裨益
從之 摺檔

伯都訥城
倉監督一員由協領內揀派 倉官一員倉筆帖式
二員管理出入倉穀
公倉在城東北隅倉房四十間
康熙三十二年𠜂建十間 按八旗通志作三十三年 堆撥房四間

雍正六年建十間乾隆十年建十間道光年間重修後經坍塌光緒十二年一律報請重修

義倉在城外東南隅倉房三十間

雍正五年𥿄建六間十年建十間十二年建五間乾隆三十二年建五間光緒十年十一年重修十一間十三年重修十五間

公倉額存糧二萬五千石吉林外紀五歲徵官莊壯丁穀一千八百石光緒十七年實存倉穀一萬零四百七十石八斗九升七合四勺

義倉額存糧一萬石吉林外紀五歲徵兵丁牛具穀五百

二十八石

三姓城

倉監督一員由協領内揀派　倉官一員倉筆帖式

二員管理出入倉穀

永豐倉按即公倉在城外西南隅倉房七十間分列七號

周圍土垣二百七十丈

乾隆三十二年題准吉林三姓地方倉廒不敷收貯

添建倉房三十間四十二年題准吉林三姓地方改

建瓦倉二十間四十七年題准吉林三姓地方原設

倉房六十間不敷收貯請增建十間四十八年重修

第三號倉五十五年重修第四第五號倉五十七年
重修第六第七號倉嘉慶五年重修第一第二號倉
十二年重修第三號倉十四年重修第四第五號倉
十八年重修第七第八號倉道光元年重修第一第
二號倉六年重修第三號倉十年重修第四號倉十
一年重修第五號倉十三年重修第六號倉十六年
重修第七號倉十七年重修第一第二號倉二十六
年重修第三號倉咸豐二年重修第四號倉光緒十
年重修第一第五第六號倉
義倉在城外西南隅倉房二十五間分列三號看倉

堆撥房四間建年無考乾隆五十七年重修嘉慶十四年重修三號義倉二十四年重修第一號倉道光元年重修第三號倉二年重修第二號倉十年重修第一號倉十五年重修第五號倉十七年重修第二號倉三十年重修第三號倉光緒十年重修第一號

倉

公倉額存糧三萬石吉林外紀五歲徵官莊壯丁穀一萬一千一百九十七石四斗

義倉額存糧一萬二千石吉林外紀五歲徵兵丁牛具穀四千九百九十二石

富克錦城未建倉廒亦無存穀

阿勒楚喀城

倉監督一員由協領內揀派　倉官一員倉筆帖式二員管理出入倉穀

永順倉（按即公倉）在城內東北隅倉房六十間大門三間看守堆撥房三間周圍土垣一百八十二丈高五尺係乾隆二十一年建（按會典事例作乾隆二十年題准吉林阿勒楚喀建倉廒六十間）三十九年重修四十五年築土垣光緒十五年重修

義倉在永順倉院內倉房十三間係乾隆三十九年

建按會典事例乾隆三十三年題准吉林阿勒楚喀裁汰倉房六十間內揀留十間作爲義倉光緒十五年重修十七年重修

公倉額存糧二萬五千石吉林外紀五歲徵官莊壯丁穀一千八百石光緒十七年實存倉穀四千四百三十石一斗三升六合八勺

義倉額存糧五千石吉林外紀五歲徵兵丁牛具穀三百十二石光緒十七年實存倉穀一萬九百七十四石三斗

拉林城

倉官一員倉筆帖式二員管理出入倉穀

公倉在城内西南隅倉房六十間大門三間周圍土垣一百八十二丈高六尺乾隆八年建十九年將苫草倉房改建瓦房五十三年重修

義倉在公倉院内倉房六間乾隆三十九年添建四十五年四十六年重修五十年改建瓦房七間五十九年改建瓦房六間

公倉額存糧二萬五千石吉林外紀五歲徵官莊壯丁穀九百石光緒十七年實存穀一萬一千二百八石八斗七升六合二勺

義倉額存糧五千石吉林外紀五歲徵兵丁牛具穀三百

十二石光緒十七年實存倉穀一萬一千二百五十二石五斗二升

二十八年議准拉林阿勒楚喀二處額徵糧石每年收官莊所交新糧一千八百石亦行入倉除備支二處俸祿口糧約需三百石外其餘賸糧石照數於額貯陳糧內換出每石照時價減銀一錢賣給兵丁價銀留爲公用如遇歉年青黄不接之時酌撥額貯糧石借給兵丁秋後照數徵還會典事例一百六十二

雙城堡

倉筆帖式一員

義倉在城內東北隅看守堆撥房三間周圍土垣嘉慶二十三年兵力建苫草義倉九間看守堆撥房一間咸豐初年改建四十間堆撥房三間同治二年重修光緒四年重修十六年將苫草倉房改建瓦房四十間

倉穀歲徵屯丁二萬石

道光二十五年六月將軍經額布奏言查道光八年

諭吉林雙城堡穀石前經富俊奏准每倉石以三錢五分出糶價銀歸補動用款項至道光六年出糶五年分穀石富俊按照時價減至二錢五分經戶部覈與奏定之數不符

駮令加增報部覈辦茲據奏稱該處連歲豐收糧多價賤
官兵又有每歲認買公倉出陳之糧統計不下五六萬石
著將雙城堡六七兩年所糶五六兩年倉穀照依該年時
價以二錢五分報銷嗣後此項倉穀出糶時著將現年實
在時價據實奏明報部覈銷茲屆出糶雙城堡倉貯道光
二十四年分所收穀石之期查雙城堡四月分市集
穀價每一市石價銀三錢二分每一倉石價銀一錢
六分請將雙城堡中左右三屯徵收道光二十四年
分倉石穀二萬四千三百八十石照時價糶給阿勒
楚喀拉林雙城堡三處兵丁閑散認買共計應糶價

銀三千八百五十兩零合將糶穀價銀如數咨報檔冊

琿春城

委倉官一員委倉筆帖式二員無專員按年揀派管理出入

倉穀

義倉在城內倉房十五間周圍土垣建年無考乾隆

十二年將原建苫草倉房改建瓦房報冊

義倉額存糧二萬五千石吉林外紀五歲徵兵丁牛具穀

一百四十四石光緒十七年實存倉穀三千一百六

十石報冊

倉儲總載

吉林旗倉貯糧二十萬六千八百四十五石會典十二

康熙二十二年三月庚戌遣噶爾圖瓦禮祜等閱視遼河及伊爾門河以通軍餉置伊屯口倉東華錄卷八

按此係轉輸軍糧而設非經制之倉且不久即廢以事關積儲附載於此

吉林各處義倉除額存外餘糧糶與兵等所得銀兩作爲買補義倉耕牛修理義倉並買補農器之用餘賸銀兩每年於四月內造册咨送戸部覈銷吉林外紀五

吉林官莊壯丁每年應交糧一萬五千石甯古塔官莊壯丁應交糧三千九百石伯都訥官莊壯丁應交

糧一千八百石三姓官莊壯丁應交糧四千五百石
阿勒楚喀拉林官莊壯丁應交糧一千八百石共徵
糧二萬七千石貯倉每年於四月內具題同上
各處公倉陳穀照例出糶應先期查明市價咨報戶
部後將每石比時價減銀一錢糶賣取結咨送戶部
同上
同治八年十月將軍富明阿奏言東省旗僕自軍興
以來征調頻仍死亡相繼餉糈兵苦不堪言狀現屆
軍務漸平經費稍裕亟宜隨時調劑整頓以期培復
元氣曾經奏蒙

天恩敕部議准復賞兵丁白事暨節婦建坊銀兩在案仰見
聖恩浩蕩惠育旗僕無微不至之深意臣等查戶部則例條
載吉林鰥寡孤獨每名月給養贍銀一兩黑龍江孤
寡月給養贍倉糧四斗等語茲查吉林僅有賞給阿
勒楚喀拉林京旗滿洲鰥寡孤獨每月養贍銀五錢
近年奉調征兵既多所有在營陣亡傷歿均係隨時
開缺知照原旗停支坐餉從未查辦家嗣半餉銀米
年復一年數不勝計雖仍循舊例只將孀婦應領兩
季半餉銀米發放然亦不能源源接濟其餘應給半
分餉米概未發給臣等博訪周諮往往孤苦無依或

孀妻改適或弱子流離情旣堪憫殊與旗僕大有關
係所有吉林孤寡旗人合無仰懇
天恩暫照黑龍江孤寡旗人之例擬請每名月支倉糧四斗
以資養贍其出征陣傷亡故之兵丁孀妻幼子例給
半餉銀米仍俟飭屬詳細查明另行籌畫咨部照例
辦理檔冊
同治十一年七月二十日將軍奕榕奏言竊查同治
八年前任將軍富明阿以吉林所屬各旗孤寡無依
人等生計維艱奏請暫援黑龍江孤獨旗人每月賞
給倉糧之例每名口月給倉糧四斗俾資養贍所需

糧石即在各該處公倉額存穀內動支報部開銷一
俟庫款充裕仍查照吉林常例每名口月給銀一兩
以資撫恤等因嗣奉部議咨覆准即通飭所屬一體
遵照辦理在案惟查吉林公倉每年額徵倉穀一萬
一千一百九十餘石向僅抵放官員俸米餉米醫官
家屬及喂養黑牛豬羊鹿隻料豆監犯口米等項共
折穀七千二百餘石存餘穀石如遇額外浮多即於
歉收之年厫計出糶接濟八旗兵丁食用自同治八
年增添鰥寡孤獨養贍起除所屬各處公倉額徵穀
內尚敷支放者均令各就本地公倉發放不計外所

有吉林十旗水手營烏拉額穆赫索羅等處每年所添鰥寡孤獨男婦人等總計數至一千三百餘名口每名口月支倉石穀四斗一年應需支放養贍倉石穀六千二百餘石並歷年應放官員俸米餉米各等項折穀七千二百餘石統共計需倉石穀一萬三千四百餘石覈計歲徵額糧一萬一千一百餘石之數每年須長放穀二千三百餘石又阿勒楚喀公倉歲徵額穀九百石每年除應放俸米等項穀七百一十餘石復應給放鰥寡孤獨男婦二百二十五名口養贍穀一千零八十石二共需穀一千七百九十餘石

計每年長放穀八百九十餘石統計吉林阿勒楚喀兩處每年共長放穀三千一百九十餘石復查吉林公倉向係額存正穀七萬石前自咸豐四年間奉文全行出糶接濟兵餉之後迄未歸足原額再徵養贍穀石歲徵不敷支發轉有長放如此年復一年額糧漸至虧短而應領養贍人等愈增愈繁深恐將來無以支應若不預請變通不惟所虧額糧無法彌補儻遇年歲荒歉尤形掣肘更須未雨綢繆 臣 再四思維擬將吉林通省所添應領養贍之鰥寡孤獨男婦人等共計二千三百餘名口仿照阿勒楚喀拉林京旗

滿洲殘廢孤獨人等每名口月給養贍銀五錢章程
變通辦理改爲月支養贍銀五錢每年每名口共應
支銀六兩覈計每年約需銀一萬三千八百餘兩照
依三道喀薩哩應納地租折徵制錢章程以每銀一
兩折發制錢一串每串折以市錢二千每名口一年
計應折發市錢十二千統應折發市錢二萬七千六
百餘千雖制錢係抵餉正款未便改充他項然處此
倉糧不敷發放之際不得不挹彼注兹又何敢稍事
拘泥並擬將改發養贍銀兩卽由按年應收三道喀
薩哩制錢項下散放設有不敷再由徵存地租錢內

仍照制錢之數發給歸於公倉穀銀案内造報覈銷如此量爲變通則窮苦無倚八等月支養贍較之發給糧米稍優而各處公倉遞年額徵穀石既無長放亦可期徵敷原額免致終久虧短摺檔

吉林府

常平倉在府署西隅倉房二十四間曰豫益所曰同人所曰豐萃所曰大有所周圍土垣八十八丈五尺建年無考嘉慶十九年添建道光十五年重修光緒元年動用地丁徵銀改修

永豐倉在常平倉院内倉房十二間曰元亨所曰利

貞所建年無考嘉慶十九年添建光緒元年動用地
丁徵銀改修
常平倉永豐倉額存穀二萬石雍正十三年永吉州
存倉穀一萬石長甯縣建倉貯穀五千石凡現存米
石不足議存之數飭令買補易換一併貯倉有逾額
者悉行糶賣將價銀解部充餉皇朝文獻通考三十五
嘉慶十七年十月將軍賽沖阿奏言吉林同知所屬
向無議立民倉乾隆四十六年清查流民案內欽奉
諭旨照奉省之例一體覈辦欽此前任將軍和隆武將新陳
民戶應交額糧未照奉天銀米各半徵收之例辦理

議請一律折徵意圖簡便未計積貯備荒是以春間
旗倉平糶祇准糶與旗人其民戶不能領糶未免向
隅偶遇偏災亦只給與米折銀兩殊非接濟之道應
請照常平倉之例額貯糧二萬石以備民倉春間照
市值減價平糶秋後將糶價買補還倉應貯額糧卽
於民戶應徵地糧内分作三年令其每年實納本色
糧六千六百六十六石六斗零餘仍折徵通覈足貯
二萬石之額數照常折徵不必再交本色飭令該同
知籌備如此酌辦實爲有備無患至伯都訥同知所
屬一體建倉照辦洵於地方有裨摺
檔

吉林常平永豐二倉穀石於嘉慶二十年至二十二年每年在民戶米折銀內改徵穀六千六百六十六石六斗六升六合三年共徵穀二萬石儲倉歷年既久穀多霉變嗣議按照存七糶三之例以時出陳易新官爲出納專責倉經承經理

伯都訥廳

常平倉在伯都訥城北隅倉房二十四間嘉慶十七年建

常平倉額存穀二萬石向由旗署經理嗣歸廳官

敦化縣

義倉一在城内計倉廒五間紳民捐建一在官地屯倉廒三間光緒十七年將軍衙門撥款五千兩以備糴穀

實倉

按五常廳賓州廳雙城廳伊通州農安縣均未建設倉穀長春府於光緒十六年城鄉紳民捐積穀八千七百七十石零借地存儲未建倉廒亦未奏

明

前代

金

章宗明昌三年九月諭尚書省曰上京路諸縣未有常平倉如亦可置定當備粟數以聞四年十月尚書省奏今上京蒲與速頻曷懶胡里改等路猛安謀克民戶計一十七萬六千有餘每歲收稅粟二十萬五千餘石所支者六萬六千餘石總其見數二百四十七萬六千餘石臣等以爲此地收多支少遇災足以賑濟似不必置遂止金史食貨志

吉林通志卷四十

經制志五　錢法

吉林通省錢均以五十爲陌曰中錢惟伊通州西以十六文爲陌市錢三吊合中錢一吊與奉天通行所謂東錢也

琿春城初無制錢交易以銀以布有古風民入市抱布易物成疋則抵銀二錢同光以來商市通民初見制錢每銀一兩易市錢三吊市價不貳以至於今所謂市錢者即會城之五十爲陌也不足濟以憑帖憑帖利商而害民以故村落小集仍以布其地又有高

麗錢有盧布盧布者俄羅斯紙鈔也皆不流行與俄
市則盧布以之
三姓阿勒楚喀長春農安伯都訥賓州五常雙城敦
化各府廳縣市行中錢與會城同然民不見錢以故
銀一兩有易市錢四吊或四吊數百者以上採訪
咸豐五年十二月將軍景淳奏稱接准戶部咨照統
籌節用請飭各省實行鈔法錢法一摺奏奉
上諭著各省照依部議將應立官號一律開設並將開設章
程先行奏報欽此伏思吉林地臨偏僻庫鮮盈餘鈔法固
所難行官鋪亦非易設惟財既漸竭用莫少舒不行

鈔則官處無以挹注不設鋪則民間未能流通論地
方情形誠與他省有異就目前時事實宜一律同籌
當飭司廳文武各員迅速詳辦去後茲據司廳各員
稟稱查得吉林地不産銅民間銅器絶少開爐鼓鑄
事難施行前經呈請
奏明在案至上年部頒官票銀四萬兩曾於雜支項下
按成開發一面曉諭軍民行使而商賈視爲畏途不
肯以錢易票蒙飭司廳勸諭周轉漸至有人購買隨
時搭交官項無如本省出廣入微票法難以流通溯
自去歲以來先後搭放官銀票除市商買而未交官

兵領而莫售者三萬二千餘兩外庫內現存舊管新收官銀票七千餘兩所有應發各項銀兩正宜對成搭支而官兵領用折變維艱必須設局經理以資周轉請飭委員招募諳練商民亦依市廛成規即於省城衝要之區賃房試開通濟字號官錢鋪一座凡旗民有持本省現行官票赴鋪售賣者勘明票版印信隨時作價收買如有願買官票者亦准其價賣仍將買賣銀票價值各數註賬備覈而銀行本有長落則買賣官票亦不得不與現銀一律兌換應令承辦之員權宜定價方昭公允惟錢鋪既開票存票本亟應籌

畫查庫內現存官票銀七千餘兩燒鍋票銀五千餘
兩錢二萬餘吊均係備抵明年俸餉之項內惟有由
官票銀錢內酌提票存票本支應收放一切官項庶
票法得以暢行而官局無虞告匱所有鋪規等事應
與市廛畫一辦理其每年所需人工糜費等項務各
實用實銷不准絲毫浮冒仍於明歲春秋二季陸續
歸還原本以便抵充俸餉等因前來臣悉心察覈該
司廳所禀尚能協情濟用於鈔法有裨自應照擬舉
行俟明正開纂後即由庫提取票本在省設立官錢
鋪專派公正明幹人員經理其事效則請褒虧則論

罰以期徃復流通上下利益或可爲鈔法之一助云

八年二月二十六日將軍景湻奏稱咸豐四年奉部

頒發官銀票四萬兩每於雜支各款均按對成搭放

爾時商賈視爲畏途不肯以錢易票由臣督率司員

勸諭紳商購買隨時搭交官項無如本省出廣入微

迨五年冬間官兵領而莫售市商買而未交者約有

三萬二千餘兩票法幾致壅滯正復責成官紳籌辦

間經戶部奏奉

諭旨令各省開設銀錢官號以期票法流通等因欽此遵行

前來當於省城衝要之區倣照市廛成規先設通濟

字號官錢局一座凡有旗民赴局賣票買票者應即
隨時按照現銀酌減作價收售仍將買賣價值註賬
備核又將庫內所存官票銀七千餘兩燒鍋票銀五
千餘兩錢二萬餘吊酌提作爲票存票本支應收發
等因奏經部議覆准遂即揀員招募諳練商民於省
垣新設稅局院內照章開設錢局悉心經理去後茲
據承辦委員協領常明等稟稱奉飭開設錢局以來
凡遇旗民兌換銀票均照現銀酌減作價所有前提
票存票本業俱隨年還款並無絲毫蒂欠計自六年
三月二十一日起截至七年十二月三十日止連閏

二十二個月共買官票銀七萬一千二百六十五兩
內除陸續交官項者六萬一千零七十兩外現存餘
利僅賸官票銀一萬零一百九十五兩一切人役工
食屋租等項不敢妄議開支聲明稟請核辦伏查吉
林市廛成規募商勞金相率論銀撥給及膏火糜費
亦無現銀現錢支發因不得不量爲籌計遂擬照試
辦土稅章程由現存餘利內按一五成扣給票銀一
千五百二十九兩實賸官票銀八千六百十六兩擬
卽墊發本年俸餉一俟原撥正項解到再行歸款
光緒九年三月二十四日將軍銘安附奏再查街市

行使憑帖本因現錢稀少藉資周轉然亦須量成本之多寡以爲開使帖到即須付錢各省皆然從未聞有使抹兌錢帖者乃吉省竟有奸商牟利瞰此名目始猶不能暢行近自光緒五六年憑帖多改抹兌現錢措不開發致使物價銀價逐日加增鄉間農民赴城糶賣糧石柴草終日枵腹奔馳僅持一紙空帖不能換取一錢爲飲食之需住戶鄉民大受其困臣等深悉其弊立意禁絕當即熟商會銜出示飭戶司傳諭各商愷切開導勒限收清嗣經以各商來往存欠數目過繁一時收兌不及呈懇戶司吉林府稟請展

緩前來　臣等明察暗訪亦係實情誠恐操之太急各
錢鋪周轉維艱必多荒閉准以今年正月爲期永遠
革除抹兌名目通使憑帖現錢憑帖十吊准取現錢
二吊俟錢法疏通再行漸次增加當取各商切結存
案數月以來街市一律奉行銀價物價漸見減落買
賣照常商民安業擬請俟後如有奸商勾串官吏有
復敢呈請開禁抑或私自行使抹兌錢帖一經查出
官吏則從嚴參辦奸商則治以應得之咎庶幾弊端
永絕則錢法疏通洵於地方大有裨益
十年十一月二十四日將軍希元奏吉省制錢短少

市間瓶有抹兌名目固爲權濟錢法以期周轉之意而公款存庫亦有抹兌錢帖殊非愼重之道當飭戶司分巡道等總覈通省應徵各款詳覆茲據稟稱吉省荒地租賦向均徵收現錢解庫嗣因現錢不充准令各佃等以現錢憑帖搭交應徵雜稅土稅燒鍋票課釐捐等款經前署將軍阜保於同治四年奏明准其搭交二成現錢八成抹兌迨至同治十年市廛制錢益形短絀又經前任將軍奕榕奏明將燒鍋票課全行改交抹兌其釐捐亦以抹兌呈交惟稅物錢文則仍舊交二成現錢八成抹兌歷經辦理在案夫謂

抹兑者甲鋪買物以一帖兑至乙鋪開發而乙鋪仍無現錢又轉開一帖於他處互相轉致總憑一空紙而買實物故物價銀價因之增昂農民糶賣糧米終日枵腹奔馳不能換取一錢使用前任將軍銘安痛懲此弊於去歲三月附奏革除然彼時省中所徵燒鍋票課釐捐斗稅雜土各稅抹兑錢帖尚有四十餘萬吊之多均存寄殷實鋪戸雖臨時撥用無誤究之款數甚鉅殊非經久之計應如何變通辦理稟請覈奏前來臣再四思維實因吉省向無鼓鑄外來制錢素不充裕況近年開荒徵租需錢尤多市廛不能周

轉雖經奏明禁革抹兌而各鋪商仍有過賬名目蓋
以現錢缺乏時勢使然若不豫爲籌酌誠恐各商擁
擠荒閉轉有掣肘之虞今既迫於現錢奇乏何如改
收銀款以便官民查各省徵收錢糧以及雜稅官款
完納現銀居多今擬將旗民各署每年應徵雜稅土
稅錢九萬七千餘吊卽照省市銀價俱各折作銀數
作爲永遠定額日後銀價長落不再增減由經徵各
員以現銀解庫應徵荒地租賦每年約共收錢四十
餘萬吊又皆清錢憑帖搭收亦因現錢缺乏徵收極
難今擬將每晌內徵大租錢六百文者改爲大租銀

一錢八分小租錢六十文者改爲小租銀一分八釐俱由經徵之員以現銀解庫年清年款歸入銀款項下抵充俸餉至吉林府長春廳燒鍋現在一年應納票課錢十二萬九千餘吊原係按家攤納其釐捐斗稅錢三十萬吊有奇原係按各商一年所賣之貨按數抽收零星湊集銀價長落無定難令各商易銀交納查吉省應發孤獨養贍孀婦周年半俸半餉休致官員解退馬甲俸餉伺應兵車脚價等項向係放給錢款一年不下二十萬吊擬將燒鍋票課釐捐斗稅三項仍照舊章徵收以爲發放各錢款之用俟三五

年後錢法疏通飭令以現錢呈交抑或酌改銀款徵收隨時察看情形奏明辦理並查歲徵雜稅土稅錢款向以八成抹兌搭交蓋吉省市商銀價因制錢缺乏久有現錢抹兌之分所有報部官價向來僅報現錢不報抹兌其現錢買銀較抹兌行價每兩減三二百文今將稅課改收銀款自應照依現時街市抹兌銀價折銀作爲永遠定額嗣後按年照額解庫方無賠累案關課款更章亟應據實陳明如蒙

俞允請

旨飭部覈議俟奉准部覆後再將改徵雜稅土稅各款查

照徵收之數照依彼時銀價分别折算改折銀款作
爲定額不再增減另行詳細報部查覈
再吉省制錢久缺市面益形蕭條籌商再四惟有仿
照制錢式樣鑄造銀錢以濟現錢之缺以代憑帖之
用先由俸餉各餉項下提銀五千兩飭交機器局製
造足色紋銀一錢三錢五錢七錢一兩等重銀錢一
面鑄刻監製年號一面鑄刻輕重銀數吉林廠平清
漢字樣蓋吉林地方俗呼船廠廠平二字實從俗也
每遇應放俸餉各項即以此項銀錢搭配發給各兵
俾在街面行使並剴切曉諭商民人等按照銀錢所

鑄數目隨市易換該鋪商自不能任意輕重較之零星銀兩既不十分瑣碎又免折耗壓平之弊如此變通辦理於商戶自無窒礙於農民小販似有裨益果能遠近通行再察看地面情形廣爲鑄發設或行使稍滯自當別籌疏通之法

十三年閏四月初十日將軍希元奏竊於本年二月准戶部咨開光緒十三年正月二十七日欽奉

慈禧端佑康頤昭豫莊誠皇太后懿旨醇親王等奏會議整頓錢法分條臚陳一摺規復制錢必應廣籌鼓鑄福建所鑄新錢較尋常局鑄爲精惟八分五釐分兩稍輕嗣後每

錢一文均以重一錢爲率京局及各省一律照辦不得稍有參差等因欽此恭録

懿旨鈔粘原奏飛咨欽遵辦理情形報部查覈勿稍遲延等因伏查吉林從前地方遼闊人民稀少雖未經開鑪鑄錢而閭閻所需尚無缺乏自嘉道以來無業流民相率偕至墾荒闢土各謀衣食以故生聚日衆需用日多制錢雖日見缺少商民交易不得不用憑帖輾轉過兌殊多不便其貧苦者勞碌終日竟無一錢到手饑寒交迫生計益難盜賊之根株難淨未始不由於此臣抵任後體察情形擬就機器局鑄造大小銀

錢搭放軍餉未及果行嗣據闔屬紳商呈請開鑪鑄
錢臣維鑄銅賠費較之鑄銀爲多當此庫儲支絀籌
款實屬不易當飭吉林道府會同戶兵工司妥爲覈
議旋據闔屬紳商稟稱鼓鑄錢文需費雖多情願於
七釐貨捐外另抽四釐貨捐以資貼補等情由司道
府詳請開辦前來臣以事屬剏舉必須斟酌盡善飭
將鼓鑄事宜通盤籌算據稱地方邊陲購運銅斤資
本較鉅工費亦昂鑄錢分兩若重不特賠本益多而
且易起私銷之弊自應因地制宜擬照康熙年間最
小制錢每文八分重章程試行鑄造使私燬者無利

可圖不禁自止先由庫儲錢款酌借鑄本俟鑄出錢
文照數歸價覈計每鑄制錢一吊須賠費三百數十
文即由衆商願抽四釐貸捐貼補除將籌辦情形並
酌擬開局章程已咨商戶部外謹將試鑄錢樣恭呈
御覽再此項鑄費係由商捐官辦並非動用正款應請免
其造報五月初十日奉到
硃批覽奏係爲因地制宜起見准其試行鑄造惟當隨時
認眞督察工匠不得再有輕減以資經久餘依議該部
知道片併發欽此
十四年六月十六日將軍希元附奏再吉林所設寶

吉錢局本就舊有官鐵匠房安爐試鑄前因房間大半坍塌經臣等於上年閏四月間附片奏明覈估改造奉
旨允准在案茲查鑄錢賠費集有成款亟宜添置爐火以廣鼓鑄惟現住房屋萬不敷用擬於前面建辦事房五間大門三間銅庫錢庫房共五間住房並廚房共五間後面建前爐房六間後爐房七間兩廂磨錢冷作房各七間後正房並匠役廚房共六間統計蓋房五十一間並擬周圍砌築磚羣牆四十九丈以昭嚴密覈實估計需實銀一萬六千六百餘兩臣查事關

要工勢難因陋就簡再事延緩所需銀兩相應請
旨由徵收大租銀兩項下動用作正開銷並請照吉林建
修民署成案發給實銀以求實濟除俟工竣分晰造
冊奏報覈銷外謹附片具陳
是年十一月十九日將軍長順奏爲吉林省城錢法
壞極軍民交困擬乘時再爲整頓籲懇
天恩准暫由部領餉銀劃發制錢以資補救恭摺仰祈
聖鑒事竊維制錢爲民用之常楮幣補圜法不逮果使到
處流通物價稱平民用稍賴又何不可如直省之行
使錢票權濟一時也吉林省城一隅則不然獨使抹

兌錢帖立名最巧其弊最深實不啻以楮夯作錢較宋之交子會子尤爲虛幻盈千累萬過帳而已前任將軍銘安曾經奏請嚴禁　臣自受事以來念此弊端不知終極允宜乘時重爲申禁以紓軍民之困查抹兌之所由起因街面往來過撥取便一時浸假至於今日散布既多奸商視爲利藪憑空賺取一人作俑人人效尤不問貲本多寡皆可發出抹兌坐賈以空紙買銀買貨可獲無本之利悉將現錢措勒秘藏行商見省城銀貴貨運恐有賠累又將現錢運而他往因此城中現錢異常支絀物價異常騰貴而兵民交

困矣如吉林官兵俸餉向就本地徵款列抵春秋以
八成折放照章已不能滿給今所徵燒鍋票七釐捐
均係抹兌其價中錢四吊數百文易銀一兩以之搭
放兵餉僅照報部章程以中錢三吊計算作銀一兩
已折耗一吊數百文之多各城向不使用本城抹兌
祇得照市價易銀攜回本城及回城後再以銀易錢
其銀價低於省城又多一層折耗輾轉賠貼悉歸商
人中飽又鄉民馱運糧米入城非換抹兌竟無售處
換後攜帖回鄉又無用處及至百計兌換賠折已多
最苦窮民樵薪販草入城求售遠來腹餒欲覓數十

文現錢買餅充饑亦不可得抹兑之弊至於此極現
已出示嚴禁督飭戸司恊領及道府等公同會議妥
定章程傳諭各鋪商覈减銀價務使現抹歸一並寬
以限期准將各鋪所出現錢帖票暫付二成現錢其
餘八成仍以他鋪現錢搭付至明年三月以後永遠
不准再有抹兑過賬名目惟初經改章外路之錢一
時不能遠集而街面現有之錢不敷周轉雖經前任
將軍希元奏請就地籌款開爐鼓鑄無如購銅維艱
鑄錢不易仍屬緩不濟急伏查吉林防餉每年四次
赴部請領練餉每年二次赴部請領無論防餉練餉

擬請俱由部庫劃留銀一萬兩照吉林發俸餉章程
每兩折給中錢三吊文在部庫折發制錢飭交委員
隨同餉銀一併承領仍由兵部照例撥車解回吉林
抑或由內地鑄錢省分能通海運之處照數指撥附
輪船運至奉天營口再由陸地起解尤爲便捷得此
搭放各隊藉資周轉則兵有制錢不至受鋪商勒掯
此錢仍在本地流通於民亦有裨益 臣爲一時權宜
起見合無仰懇
天恩俯念吉林現錢支絀
特准所請俾得革除積弊以便兵民此後當體察情形如

一年後城中現錢漸見充裕即奏請停止或仍難周
轉再請照舊頒發庶救弊補偏勉副
聖朝培植根本之至意
十二月十二日將軍長順附奏再查抹兌名目既已
禁革而燒鍋票銀釐捐等項自未便再以抹兌收放
致滋轇轕惟甫經整頓現錢仍屬無多此二項課款
每年數至三十萬餘吊之多若概令其交納清錢實
係强其所難若不豫籌變通臨時何以收納查吉林
長春廳燒商每年應納票課錢文向以三月十六日
爲期陸續呈交通省七釐貨捐抹兌錢文則按二八

兩月彙總交庫臣擬將此二項錢款仍令該商照章依限呈交一俟呈交到官即按當日報部銀價陸續易銀收庫收齊彙總專案報部儻有應發錢之處再行隨時提銀照行易錢發放臣等係爲嚴禁抹兑慎重課款因時制宜起見所擬是否有當理合附片陳明

十五年九月初七日將軍長順附奏再吉林前因制錢缺少於光緒十二年奏設寶吉局鼓鑄另抽四釐貨捐賠補迨臣長順抵任後添爐座增工科節縻費約計一年四爐共鑄錢八九萬吊而所抽四釐貨捐

尚可敷衍自本年四月禁止抹兑迄今市面赖此新钱周转惟各属亦觉短少现钱臣拟筹借公款银两即令派往上海采购铜斤军械委员就便购换制钱十数万吊一并解回吉林俾得分润各属少苏民困盖上海商贾辐辏行使大小银钱即少此十数万制钱不致支绌而吉林骤获此钜款实足以救敝起衰固知各省钱禁均严出境第根本重地钱法最宜疏通臣筹款换钱亦属因时制宜不得已之举合无仰

恳

天恩饬下两江总督转行上海海关道勿事留难臣一面

設法添鑄方可源源接濟以上均據摺檔

寶吉局鼓鑄事宜

一局廠會城迎恩門裏舊有年久廢置不用之官鐵爐店一所設局之時附片具奏改爲鑄錢處所名曰寶吉局同時奉准當即建修大堂並辦事房一所前爐廠一所後爐廠一所銅錢庫一所聽差房一所匠役住房二所盛木料房一所夫役住房一所共五十一間

一工本以七釐貨捐外另抽四釐約計按年可得抽收十一二萬吊不等作爲鑄錢賠費之需儻有捐項

交納不到者由燒鍋票課及官兵俸餉項下先行墊
辦俟鑄出成錢易銀陸續歸還嗣因各城解交遲延
於十八年閏六月歸釐捐徵收轉解
一爐座原設爐四座其名曰元亨利貞於十六年四
月因省城被遭回祿市景蕭條裁撤二爐十九年十
一月又撤一爐現時僅賸一爐
一文字正面用漢文光緒通寶幕用清文寶吉
一工做每爐每日鑄錢九十吊按日交納用鎔銅罐
子四個用香樵子三百六十斤用翻沙柳木炭七斤
用生爐黑炭三十斤每吊錢用銅二斤四兩四錢用

白鉛一斤十二兩六錢除火耗二成每吊淨重三斤四兩

一購料紫銅白鉛均由上海購運價值隨行並無一定水陸運費實用覈銷採辦委員月加津貼銀二十兩隨帶貼書領催人役均每月津貼銀八兩木炭錢串隨時置買無定價以上均由四釐捐項下開支鑄錢所需器具由本地製造於局中經費項下開支

一官役總理一員每員原支薪水銀五十兩由十九年二月改支銀三十兩會辦一員每員原支薪水銀三十兩現改支二十三兩監廠委員一員採買委員一員經管銀錢帳目委

員一員經管支案事件委員一員經管銅錢庫收放
委員一員每月每員原支薪水銀十五兩現改支十兩隨
同經理帳目貼書二名隨同經理支案貼書四名隨
同經理銅錢庫貼書二名領催四名聽差領催四名
隨同採買貼書一名領催一名每名月支口分銀五
兩採買夫役三名把守大門廠門以及撈翻查驗夫
役七名每爐一座匠役二十四名外做鎔銅罐子匠
役三名做匣框子匠役一名刻錢樣子匠役一名每
名月支工食銀三兩以上俱官冊

前事

金太宗天會十一年八月黄龍府置錢帛司金初用遼宋舊錢天會末雖劉豫阜昌元寶阜昌重寶亦用之續文獻通考卷八下皆同

十三年肇州置錢帛司

世宗大定十三年三月東巡以運錢勞費行會法時車駕東巡費用百出自遼以東錢貨甚少計司欲聾運以支調度戶部尚書張亨謂上京距都四千里若輓運而行率三而致一枉費國用重勞民力不若行會法便使行旅便於囊橐國家無轉運之勞而用自

足從之

帝始聞上京修内所市民物用短錢大定二十年二月制錢以八十爲陌

章宗承安三年正月禁錢越境省奏見錢越境鄗與銷燬無異遂立制以錢與外方人使及交易者徒五年三斤以上死

泰和六年十一月諸路復行小鈔遼東則於上京咸平官庫易錢令戶部印小鈔五等付各路同見錢用

七年七月飭民間交易典質一貫以上並用交鈔毋得用錢須立契者遼河東以五分之一用鈔東鄙屯

田戶以六分之一用八年八月從遼東按察使楊雲
翼言以咸平東京兩路商旅所集遂從都南例一貫
以上皆用交鈔不得用錢

吉林通志卷四十一

經制志六　礦厰

會城東南木齊河咸豐四年奏請開採其奏請封禁年月舊案無存

會城東葳沙河流民私開同治七年奏請封禁

三姓城東南樺樹林子

夾皮溝

太平溝

蜂蜜山以上四處光緒四年奏請試辦其奏請封禁年月舊案無存

三姓城東南太平溝

樺皮溝

南淺毛溝以上三處光緒十六年奏請試辦八月十七日奏請封禁　以上金礦

咸豐四年閏七月初九日將軍景淳奏竊咸豐三年戶部咨令各直省遇有金銀礦場即行開採納課等因　臣履任以來適有商民劉芳圃等以登潭卡倫所屬之木齊河一帶產有金砂呈請採辦　臣遂派員勘得木齊河在封禁山場之外與風水地脈無礙臨江一帶露有金苗似堪開採　臣隨給商民劉芳圃等執照仍令原派之員督同採辦旋據稟稱目下招人試採逐日所得金砂僅敷人夫工食無甚贏餘訊據劉芳圃等聲言現採之地其苗不旺是以未能多得若

採至旺處必可交官納課等語臣劄飭該委員等認真試看如往後金苗果旺可以於公私有益即定章程奏請開採納課儻仍止敷衍日用即行停止封閉

奏

硃批知道了欽此

同治七年二月二十五日將軍富明阿奏爲酌擬蕨沙河等處金場明定派員分季輪查章程永奠邊疆而肅山場事竊照蕨沙河等處金場屢經

奏奉

諭旨派員安插遺散金夫不致流而爲匪嘗經派協領那斯

洪阿富爾丹帶兵前往安插遣散查辦完竣復經前
署任副都統富爾蓀親往覆查委無偷挖情弊所有
金夫除遣散驅逐外其餘概歸樺皮甸子等處務農
安業伏查葳沙河金場南與輝發河毘連而輝發一
帶向爲奉天盜賊之藪儻查察稍鬆難免奸民濫入
復起偷挖釁衅之漸是以上年冬月間遴派原辦花
翎協領富爾丹等帶兵百名前往葳沙河一帶巡查
尙無潛入偷挖人犯獲得馬匪四名焚燒偷搭窩棚
數處現乘春初河冰未化之先仍派該協領富爾丹
等帶兵往復周歷嚴查旋據禀報葳沙河一帶老金

場委無奸民濫入偷挖等語前來　臣　等覆覈雖屬無異然慮老金場一帶地方遼闊山路既多崎嶇林麓更屬稠密加以崇巖陡澗夏秋之際人馬不能深入難免不無偷挖情事查此偷山人犯口糧必須冬令乘江水凝結挽運若嚴定稽查章程阻其偷越諒不待驅而自息矣　臣　等擬定每年以春冬爲率即派原辦安插金場之協領那斯洪阿花翎協領富爾丹二員輪流帶兵巡查一次有匪必獲有棚必焚並嚴禁米麪以杜偷運之弊以專責成而奠疆域統俟一二年後山場經久肅清再行奏明停往再甯古塔副都

統烏勒興阿令正因公進省臣面詢甯古塔屬驅逐
各金場事宜據該副都統聲稱現已派員帶兵將一
概金夫驅逐淨盡不致復聚等語臣即擬責令該副
都統仿照省會明定巡查金場章程分春夏兩季遴
派妥員帶兵實力搜查禁止販運米麪以歸畫一而
肅山場奉
旨崴沙河一帶金場仍著該將軍等飭令派出各員嚴密搜
查毋任奸民濫入偷挖欽此
光緒十六年三月二十九日將軍長順奏爲查明三
姓地方產金擬請派員試行開採以濬利源事竊維

五金礦產爲天地自然之利果能採取如法經理得宜裕國足民悉基於此吉林金礦如省南木其河夾皮溝及甯古塔所屬之萬鹿溝等處從前聚集數千人偷挖自封禁後往往潛赴三姓山內搭蓋窩棚採取木耳名爲菜營實則乘間盜挖金砂拏獲盡法懲辦並派隊遂散棚民而顓愚無知趨利如鶩驅去復來羣傳吉林通省以三姓礦苗最佳如樺皮楸皮各溝及南淺毛楊木岡並黑背等處均有金匪私挖舊跡且其處地脈堅凝山嶺重疊砂色渥丹引苗時見洩露查光緒十四年十一月間翰林院侍講崔國因

條奏東三省情形其論金礦一條謂與其使鄰國垂
涎而起侵佔之釁曷若由本國開採以裕兵餉之源
洵屬切中時弊當時曾奉
諭旨會同定安酌覈妥議臣以到任未久地利興廢絶無
把握未敢率爾覆陳今則博採輿論勘驗形跡按以
邊地時勢而知開礦之舉實難置爲緩圖所慮款項
支絀工本無資再四籌思惟有先行試辦一法從來
談礦務者每於官辦商辦民辦迄無定論前經部議
有商理其事官總其成兩言至當不易而試辦之法
尚未足以語此祇能化私爲官而已金夫首領俗謂

把頭每一把頭作一股每股俗謂一枝幫其下有幾
盤溜一溜不過用二三十人今擬拨溝派把頭一名
管領幾枝每枝再派幫管領一二十人分作一二十
溜其人即就近挑諸苿營免致驅逐後流而爲匪拨
照人數編册稽查所有器具食糧油柴均由各把頭
自行備辦無待官爲籌款即委員司事人役薪工亦
俟出金抽釐積有成數再行定章開支現已派員前
往查勘情形一面咨會三姓副都統就近督同勘辦
十六年六月二十一日將軍長順奏爲續報委員勘
明三姓金礦地方並暫時試挖得金緣由竊照三姓

地方前經臣訪聞該處山內貧民搭蓋窩棚採取木耳名爲菜營實則乘間並挖金砂驅去復來一時難以斷絶當於本年三月三十日奏請化私爲官以濬利源奉

旨該衙門議奏欽此欽遵在案當臣出奏後旋接委員等稟稱金溝在三姓東南一隅距城約三百里溝名有南淺毛老淺毛樺皮太平之分周圍幾及二百里地勢如上字形南淺毛溝長十五六里已掘有二十餘條水道老淺毛溝在南淺毛之北長約十里與長五六里之樺皮溝相接均有五六條水道此三溝之東

越老爺嶺下爲太平溝南北長百餘里計水道五六十條各水道或深二三尺及七八尺不等樺皮一溝兼大方坎各溝被挖之處竄如蜂房幾無隙地蓋金匪之忽聚忽散恣行偷挖者已數十年於茲矣金色以南淺毛樺皮兩溝爲最產金之處多在山陰凡山之陽雖見金綫亦甚稀少惟山深林密頭頭是道金匪最易藏蹤官至則散而爲樵官去則聚而偷採查各溝附近柴營窩棚及無業流民約計不下千餘人逐之必至流而爲匪不逐又無以使其不挖計惟有化私爲官之法予限數月暫行試採數月以後則此

項流民是否可用地利能否久興均有把握所定章
程亦可因利制宜不致徒勞而鮮獲並聲明楸皮一
溝及黑背等處應俟勘明統行詳細繪圖貼說呈送
等情臣查所稟係屬實在情形不得不稍事變通且
事已奏明勘辦當經批准予限兩箇月暫行試採嗣
復據委員等稟稱各溝產金衰旺不一旺者綫脈淺
厚至三尺寬二三尺不等衰者亦厚尺餘然金夫有
初挖而即得金者有淘沙至十餘日而一無所獲者
蓋金綫甚細私挖之弊由來已久以致體認難真現
在試採未有定章凡金夫之器具衣食悉令自備無

論得金多寡俱按十成從寬抽取三成歸公該金夫
亦覺馴良可用從前各溝共有千餘今已陸續遣散
祗剩三四百人一俟散盡再將所抽課金並支銷經
費數目勾稽具報並先附解金砂壹百兩呈驗等情
前來　臣　查吉林爲我
朝根本重地三姓又與俄疆毘連開礦之舉誠宜其難
其愼前奏試辦之請意在漸事擴充不欲先行鋪張
致貽一發難收之悔今閱該委員等前後所稟之詞
爲之詳加體察覺地利可興而人數不可不限此即
因地制宜之辦法也　臣　智識短淺於礦務又毫無閱

歷未敢固執已見且該處准否開礦尚未奉准議覆
未便遽定章程惟迭據該委員等稟請變通辦理均
係前次出奏以後之事相應請
旨飭下一併嚴議速覆俾得詳細擬定章程奏請
聖裁奉
硃批該部知道欽此
再三姓礦務前經臣長順將委員勘明礦苗及予限
暫時試採情形詳細奏明奉
廷寄著李鴻章會同長順遴選幹練之員前往三姓切實
履勘議章覆奏等因欽此當經電准李鴻章飭令督辦

漠河礦務候補道李金鏞派員往勘在案茲據試採三姓金礦委員稟稱試採金礦限期屆滿所有金夫散遣已盡有業者使其歸業無業者飭令回籍不准逗遛並嚴行封禁俾免進溝偷挖等情並據將所抽課金自行解交前來　臣查此次採礦兩月有餘共抽金六百四十四兩八錢二分五釐除呈海軍衙門五十兩北洋大臣十兩考驗並開支經費銀一千七百六十七兩二錢六分六釐覈計用金一百二十九兩八錢二分四釐外實存金四百五十五兩零一釐以備將來開採經費除咨部查覈外謹附片具陳再此

項開採經費委係實用實銷應請免其造報奉

硃批該衙門知道欽此以上俱官册

琿春城西北天寳山光緒十七年奏請試辦銀礦今存

光緒十七年三月初九日將軍長順奏爲勘明琿春

天寳山銀礦現已派員試辦將大概情形據實密陳

事竊臣恭承

恩命辦理邊務深凛常年兵餉日久難繼每就地籌畫渚

開利源然外省多籌一分之餉卽部庫少紓一分之

力自抵任後周諮博訪羣以三姓產金琿春產銀爲

美譚三姓金礦前已將化私爲官暫時試辦情形詳

細奏明在案惟琿春產銀之說一時無從考證經恩
澤遴派候選縣丞程光第細加躧勘當於南岡天寶
山見有銀礦已挖成硐似係昔日流民私開因其無
利而棄者取驗砂質不甚精美復於附近地方覓得
礦苗鑿驗砂質較之舊硐爲優上年春間恩澤赴南
岡校閱右路一軍折至該處覆加履勘親與程光第
所勘情形相符與臣往返函商隨令程光第招集商
本試行開採去後茲據稟稱勘得天寶山在吉林省
城東南七百餘里西接哈爾巴嶺蜿蜒二百六十里
爲此山之發脈南襟古城大川北帶博爾哈通河峰

巒秀異巖壑深藏出脈聚氣與他山迥殊自奉派後擬即招集商股銀一萬兩未能如數先行湊足五千兩前往該處建造房屋購運糧食置備器械僱募人夫盡力開採從前流民所開舊硐係在北山穿至七尺即因石堅停鑿至另採銀苗二枝係在南山其一枝入山綫鑿至丈餘未見槽砂其一枝立山綫計鑿八硐惟第三硐始得正脈其餘各硐雖見苗砂尙無正綫未敢深求致滋虛費現在第三硐鑿至十五丈砂綫時寬時窄寬則三尺餘窄則尺餘足供四十餘人採取月可出砂十五六萬斤初鑿之砂每千斤煉

銀質二十餘斤提銀十二兩有奇迨鑿深十九丈每
千斤煉銀質七十餘斤提銀三十一二兩以目下月
出砂數覈計提銀約可出銀四千五六百兩現在存
砂七十餘萬斤擬趁此春融廣備灰炭先設燒生砂
大鑪八十座每座燒生砂三千斤用木炭燒煅三次
每月出熟砂二十四萬斤又加煉銀質大鑪四十八
座每天輪流煉熟砂八千斤可出銀質五六百斤提
銀三百餘兩覈計一箇月可出銀一萬兩近時礦丁
鑪匠及雜丁夫已用一百七十一名若再設鑪煉砂
尙須添用一百數十名共三百餘名月需工食銀一

千七八百兩月需油鐵等項五六百兩連局用薪水
每月共需經費銀二千數百兩如每月煉提銀一萬
兩尚可贏餘七千餘兩第煉提賴乎人工本屬可遲
可速而鑿取限乎地利不能予取予求且夏秋陰雨
時候地氣鬱蒸硐丁在硐末能久作勢所必至祗期
此後各硐一律開及正脈足供多人採取苗綫日增
提銀自鉅應如何酌提歸公以裕餉源覈計獎敘以
資激勵之處續俟擬定章程呈請覈辦等情並將銀
兩銀質生熟各砂呈驗前來臣查程光第勘辦銀礦
既經覓有苗綫二枝開硐九處據稱雖只一硐開及

正脈而每月出砂可提銀四千五六百兩加鑪燒煉
月可出銀萬兩是剏辦之始無虞虧賠將來各硐皆
得正脈苗綫日漸增多則其利之充盈尤可想見裕
餉固邊計誠莫善於此第煉砂提銀僅恃土法恐銀
質未淨多所委棄現已派員馳赴天津購辦洋鑪並
恐程光第一人難以周顧添派候選縣丞祿崧前往
會同辦理一面仍飭該員等作速妥擬詳細章程再
行酌覈奏請
聖裁除將送到寶銀一錠銀質一塊生熟各砂數包咨呈
海軍衙門考覈外所有派員試採琿春天寶山銀礦

緣由理合恭摺密陳奏

硃批該衙門議奏欽此官

册

會城西南營盤溝嘉慶二十年奏請開採

二十一年奏請封閉

會城正西波泥河

會城西北胡家屯

會城東北缸窰

丁家溝以上四處嘉慶二十年奏請

開採二十三年奏請封閉

田家屯嘉慶二十年奏請開採其

奏請封閉年月舊案無存

江東三道溝道光元年奏請開採其奏

請封閉年月舊案無存

江西柳樹河子光緒六年奏請開採其奏

請封閉年月舊案無存

陶家屯光緒七年奏請開採九年奏請封閉

荒山子

長嶺子以上二處光緒九年奏請開採十六年奏請封閉

江東荒山子

江西下二台

西南山坡以上三處道光元年奏請開採現存

江東鍋盔頂子

江西大葦子溝

石碑嶺

泥球溝子以上四處光緒六年奏請開採現存

江東大石頭頂子

亂泥溝子

半拉窩集溝

二道河子以上四處光緒七年奏請開採現存

江東後二道河子光緒七年因前窰水大無煤咨部封閉奏准部覆移挪於此開採現

存惟前窰係何年奏請何處何名原案無存以上煤礦俱官冊

道光元年正月初六日將軍富俊奏爲吉省煤窰仍

請開採以裕旗民生計事竊查吉林旗民向係砍木

炊爨嗣因生齒費繁山木愈砍愈遠挽運維艱柴價

昂貴旗民生計拮据臣前任吉林將軍時援照奉天

開採煤窰之例於嘉慶二十年奏准開採缸窰田家屯營盤溝波泥河胡家屯丁家溝煤窰六處每處納稅銀十七兩零籤掣旗八承領票張試採去後旋因營盤溝刨無煤斤依線尋至營盤溝之西南山坡得有煤硐臣派員查無關礙咨部給換票張隨於嘉慶二十一年閏六月間接准部咨內開奉

上諭工部奏駁吉林於營盤溝相連山坡開採煤窰一摺所駁是吉林前經奏准開採煤窰六處其缸窰等五處產煤豐旺已足供旗民日用之需至營盤溝一處試採無煤應照例題請封閉乃於相連之西南山坡換給執照易啟影

射朦混之弊著即封閉執照繳銷以符定制其缸窰等五處稅銀著於開刨之年起納欽此欽遵咨行前來臣因營盤溝一帶村屯甚多附近二百餘里山木砍盡距缸窰等處道路遥遠挽運艱難冒昧瀆請仍於營盤溝之西南山坡開採於嘉慶二十一年間奉

上諭富俊等奏營盤溝西南山坡煤窰仍請照舊開採一摺吉林產煤處所已准開採缺窰等五處其營盤溝一處試採無煤復於相連之西南山坡開採經部議駁降旨令其封閉該將軍等又復陳請開採吉林少此一處煤窰於旗民生計有何妨礙所奏不准行富俊向於公事好固執已

見著傳旨申飭所有西南山坡煤窰仍著封閉不准奸徒私採該將軍毋得再行瀆奏欽此欽遵飭將營盤溝相連西南山坡之煤窰封閉在案賴有缸窰等五處採煤豐旺足資生計臣調任盛京後缸窰波泥河胡家屯丁家溝四處煤窰均各坍塌出水於嘉慶二十三年經前任將軍松箖具題封閉亦在案僅有田家屯一處照舊開採是年冬臣復調任吉林到任後據承領票張各旗人呈稱缸窰附近之荒山子胡家屯附近之三道溝田家屯附近之下二台等三處均有煤線情願開採納稅等因臣派

員查勘屬實均無關礙開明四至界址於嘉慶二十
四年咨請部示續經工部咨覆不准開採當即示諭
封閉在案伏查從前營盤溝一處封閉原無妨礙今
復封閉四處僅有田家屯一處不能運遠柴薪日益
增價旗民生計未免拮据查
盛京自乾隆四十年開採煤窰行之已數十年旗民樂
利吉林未能一體仰沐
天恩未免向隅臣深荷
聖恩俾以地方職司教養事關旗民生計不敢避冒瀆之罪
所有該商等呈請開採荒山子等三處暨西南山坡

一處可否准其開採之處謹據實奏聞請
旨如蒙
俞允臣照例將各窰四至清册咨報查覈仍於開刨之年起
納煤稅爲此恭摺具奏伏乞
皇上聖鑒訓示遵行道光元年正月初八日奉
上諭富俊奏請吉林開採煤窰一摺富俊從前兩次奏請於
營盤溝西南山坡開採煤窰彼時吉林地方已有缸窰等
五處煤窰足供採用是以奉
旨斥駁茲據奏缸窰等處煤窰近已坍塌四處僅餘田家屯
一處所採煤斤不能及遠旗民日用所需未免缺乏自係

實在情形著照所請荒山子三道溝下二台及西南山坡
四處俱准其開採其煤稅於開採之年照例起納該將軍
仍嚴密稽查所有承領票張試採之人務各約束安靜如
有奸徒藉端生事惟該將軍是問欽此

光緒六年五月十九日將軍銘安奏為吉林八戶日
繁柴薪難繼擬請試開煤窰酌抽釐稅以裕
國課而利民生事竊照吉省旗民各戶向係伐木炊爨
溯自嘉慶二十一年經將軍富俊奏准開採荒山子
等處煤窰三座收納稅課歷辦有年嗣於同治七年
將軍富明阿續請試開火石嶺子等處煤窰七座當

奏户部議覆以吉林地方伏莽未靖增設煤窰開採
之始必多集丁夫其中良莠不齊難以稽查且圍場
禁山地脈相通恐於風水有礙奏請一並封閉臣竊
以為政在養民不外就地興利事關籌餉尤貴因時
制宜近來吉省生齒日繁人煙稠密山木愈伐愈遠
挽運維艱價值日昂居民日用所需多受柴薪之累
若不開採煤斤以資民用則數十年後柴薪愈見稀
少炊爨倍覺艱難本省煤窰只有三座所產無多不
足供通省之用臣前奏
廷諭經費一層該省如有籌辦之處亦應實力籌辦等因

欽此卽以開採煤窰利益民生抽收課稅曾經附奏在案正在體察籌辦間於五月初一日准工部咨開監生尙宗錡等呈稱查吉省葦子溝等處盡屬荒山煤苗透露堪以開採均距省窵遠並無礙於風水情願自備工食僱覓本地居民前往開作等語本部未便據呈率准相應咨照迅卽委員按照呈稱各處詳細查勘等因咨行前來復據本省民人董琦等先後具呈亦以試開煤窰照章納課爲請伏思煤窰之開

下便民生上充

國課利益實屬無窮前任將軍均已籌議及此而戶部

以地方未靖誠恐奸宄潛蹤藉端滋事奏請封閉所
慮不爲不周第近來剿辦馬賊大股現已肅清金廠
渠魁以次剿滅而五方流民謀食遠來勢難盡行驅
散若使無處謀食仍恐相聚爲盜儻試開煤窰則無
業窮黎皆可趁工餬口自能化莠爲良於地方似有
裨益查吉林煤窰納稅舊章每座只收稅銀十七兩
六錢零八釐現值庫款支絀之時百貨均有釐捐煤
斤自應照辦擬請勿庸交納舊定稅額仿照現辦釐
貨章程其賣中錢一吊抽收一十文所取無多該商
斷無不從之理如果煤苗暢旺自必稅課豐盈不但

火食有賴柴價自平商民同霑樂利而抽收稅課亦
可稍濟餉需如蒙
俞允再由臣等遴派妥靠委員分赴各處詳細查勘果係
煤苗透露堪以開採於圍場處所禁山風水均無妨
礙擬飭將煤窰四至繪圖呈遞再當妥議章程奏明
辦理奉
旨知道了著照該將軍等所請試行開採惟當認眞經理
毋任滋生事端一切詳細章程仍著妥議具奏欽此
七年二月初七日將軍銘安奏爲試開煤窰酌擬抽
收釐稅章程事竊臣等前因吉省經費支絀擬請試

開煤窰抽收釐稅以裕餉源於光緒六年五月十九
日具奏奉
旨知道了著照所請等因欽此臣當卽遴員分往各處查
勘去後旋據知府周炳參領富魁查明石碑嶺大葦
子溝二處同知毓綬防禦德祿查明杉松之泥球溝
子一處同知芝慶雲騎尉慶徵查明鍋盔頂子一處
雲騎尉恩永查明柳樹河子一處均各顯露煤線煤
苗豐旺堪以開採且與禁山廬墓風水毫無關礙取
具山主四鄰情願招商甘結繪圖貼說加結具報前
來臣等當派協領富爾丹知府劉光煜等秉公招商

詳擬抽釐稽查章程茲據稟稱酌擬按照具呈招得
商民李萬福等承採石碑嶺煤窰張際庚承採大葦
子溝煤窰楊茂齡承採杉松之泥球溝子煤窰田柏
州承採鍋盔頂子煤窰倘昌莅承採柳樹河子煤窰
共新添五座連舊有三座共煤窰八座查吉省煤窰
納稅舊章按年每窰僅收稅銀十七兩六錢零八釐
此外別無輸納現存籌餉之際擬請舊窰停納稅銀
與新窰一律抽釐以二分爲額如賣中錢十吊納釐
稅錢二百文買賣各出錢一百文其買主應納之錢
責成該窰就近扣留以歸簡易即於開刨之日起徵

由工司發給新舊各窰蓋用關防大小賬簿用完許其隨時赴司關領不准私立帳薄以免蒙混如有前項情弊及偷漏等事一經查出從重懲辦其經理抽收釐稅及隨時查覈等事應委妥員設局經收以專責成而免遺漏請派協領一員會同工司掌關防協領總司其事再派佐領防禦筆帖式等官承收釐稅至於冬令煤斤暢行之時即派該佐領等前往各窰巡查帳目所收錢文按春秋兩季彙總交庫惟既設局承辦該官吏等日需工食心紅擬請仿照吉省釐稅章程提出一成作爲官吏心紅工食其九成存庫

以備提撥所招承採商戶均係土著殷實陳民取有
切保惟煤窰聚集挖夫人數衆多非商人所能約束
應札飭總理等官稽查彈壓如該煤窰工恃衆滋事
即將該商執照追繳另招承採等情稟覆前來　臣等
詳覈該協領等所擬章程尚屬妥善即派花翎協領
富爾丹掌工司關防二品頂戴花翎協領金福總司
其事督飭佐領筆帖式等認眞稽查照新章抽收盡
數呈交已於光緒六年十一月十八日出示曉諭日
起新舊各窰一體遵照新章交納釐稅如此量爲變
通較之從前定額奚啻倍蓰似於餉項不無小補擬

辦之初稅收多寡難以豫定擬俟試辦二年後體察
情形再行酌定正額奏明辦理臣等仍不時密派妥
員周歷巡查儻有影射偷挖鉛礦等弊將該商照例
治罪即時封閉以昭慎重奉
旨該部知道欽此
七年八月十二日將軍銘安附奏再前因吉省經費
支絀擬請試開煤窰抽釐裕餉當經酌擬釐章奏明
招商試開石碑嶺等五處煤窰暨酌改舊有煤窰從
前課章與新添煤窰一律派員稽查抽收釐稅等因
在案茲據商人徐維明等呈稱續報大石頭頂子等

五處均有煤線堪以開採等情當即派員分往各處
勘驗去後旋據防禦春和查明大石頭頂子煤窰一
處同知李喬林佐領占祥等查明陶家屯亂泥溝子
煤窰二處知縣傅楨防禦春和查明二道河子煤窰
一處均各顯露煤線堪以開採與禁山風水實無關
礙取具山主四鄰情愿招商甘結繪圖貼說加結具
報前來臣即飭總理煤釐事務協領富爾丹掌工司
關防協領金福酌覈招商茲據稟稱招得商人徐維
明承領大石頭頂子煤窰張福永承領陶家屯煤窰
董起發承領亂泥溝子煤窰劉運符承領半拉窩集

溝煤窰韓受德承領二道河子煤窰所招商民均係
土著殷實陳民取有切保等情稟覆前來臣查吉省
煤窰新陳八座連今續添煤窰五座共有十三座所
有續添試採煤窰稽查抽釐等事前既擬定章程自
應統照新章一律辦理奉
旨知道了欽此
九年正月二十四日將軍銘安附奏再前因吉省經
費支絀擬請試開煤窰抽釐裕餉當經酌擬釐章奏
明招商先後試開石碑嶺大石頭頂子等十處煤窰
既酌改舊有煤窰三處從前課章與新添煤窰一律

派員稽查抽收釐稅等因在案茲據商人劉振東尙
宗錡具呈續領荒山子長嶺子二處煤窰均見煤線
堪以開採等情當即派令縣丞繆誦芬佐領花里雅
遜勘驗荒山子候補巡檢高曾蔭騎都尉德淩阿勘
驗長嶺子等處去後旋據禀稱該二處煤線顯露堪
以開採與禁山風水實無關礙取具山主四鄰情願
招商甘結繪圖貼說加結具報前來 臣 即飭總理煤
釐事務副都統銜花翎協領富爾丹掌工司關防二
品頂戴花翎協領金福等酌覈招商茲據禀稱續招
商民劉振東承領荒山子尙宗錡承領長嶺子等二

處煤窰均係土著殷實陳民取有保結等情稟覆前
來臣詳查吉省舊有煤窰三座先後續開十座内有
陶家屯張福永呈報無煤另行照例題封外連今新
添煤窰共十四座所有舊有續添試採煤窰稽查抽
釐等事仍照前擬成章一律辦理除將原查煤窰委
員送到甘結及商人年歲籍貫咨報戶工二部查照
外所有續行試開煤窰照章抽釐緣由謹附片陳明
奏
旨知道了欽此以上俱摺檔
本省奏准商領開採煤窰按年春秋兩季派官一員

分往江東江西兩路各窰抽收煤稅照依官發賣煤
帳薄覈算每一吊錢抽收稅錢一十文其每季抽收
釐稅數目移交户司歸庫工司官册

吉林通志卷四十二

經制志七　商務

通商局光緒十一年設專司吉林與朝鮮通商之事稍改市易舊例准其隨時交易以示優待屬國之意所定貿易章程與各國通商章程兩不相涉以事體本不同也局在琿春城西南二百五十五里和龍峪地方俗呼大砬子南接朝鮮會甯府界圖們江派員督理商務督理委員一隨員一原設二員裁一朝鮮通事二名原設英文繙譯一俄通事一均裁朝鮮通事原設一後增聽差六名

光霽峪分卡在圖們江北岸南接朝鮮鍾城府距琿

春城二百餘里司事一名原設司事外有委員通事一名聽差四名原作廳差

西步江分卡在琿春城西二十里西界朝鮮慶源府接俄新界司事一名原設司事外有委員通事一名聽差四名

兩國邊界敦化縣南與會甯鍾城琿春與慶源互相往來貿易其稽察之事各按邊界定律辦理通商章程第一條

如有商民欲入內地採辦土貨以及游歷者可照天津所定章程第四條辦理惟欲西入奉省較近

祖

宗陵寢重地東入俄者概不准塡給執照並不准由本國地
方私結他國商件至開市地方違者嚴懲第二
甯古塔與會甯庫爾喀與慶源市易舊例一律停止
此後貿易均照新定章程辦理第三
徵收稅課除紅蔘外均値百抽五只交納正稅一次
均不重徵子稅貨物報關驗單照章納稅不得額外
需索商民出入驗照放行不准稍有阻難第七
商民貿易使用金銀應與隨身衣服行李筆墨書籍
所騎馬匹均准免稅砂金礦銀入市銷售原同貨物
與葉金條金金飾寶銀定銀碎銀等項爲市間行用

例得免稅者不同應按值百抽五照章納稅吉省亦照奉省辦理惟琿春及慶源各城民間購買物件多不用錢而用小布與錢無異如非車載駝運每捆百匹者免稅第八

朝鮮商民欲入吉省採辦土貨先由地方官給發執照由稅局按照蓋用關防加給護照吉林商民亦用此例執照內均先聲明何處地方何項貨物出關入關時呈單查驗蓋用戳記如攜帶私貨查出入官第十

洋藥土藥與軍器嚴禁販運售賣違者照天津章程辦理朝鮮紅蔘例准帶入中國吉林民種秧蔘亦經

本省奏明與藥材併准徵收稅課運販他處此項秧
蔆運販出關與紅蔆一律辦理按價值百抽十五貂
及猞猁猻等皮舊例禁止現在開禁以通一時有無
其餘蔬菜瓜菓雞鴨鵝魚以及瓦木零星器具民間
日用所需照奉天一律免徵第十三程十六條今節錄按原定章
光緒十年通商大臣李鴻章吉林將軍希元奏竊維
吉林與朝鮮商民貿易章程前經臣等覈定會奏已
由總理各國事務衙門戶禮部會議覆奏奉
旨依議欽此欽遵當卽陳明俟將刷還流民及酌撥防軍
一切事宜議定後派員前往開市貿易以昭愼重近

據琿春副都統依克唐阿咨報俄人與朝鮮有陸路
通商之議朝之慶興府與俄鎮兩處人民彼此往來
蹤跡甚密等因朝鮮向來孱弱近因國中滋衅曾爲
日人所逼今俄又設此謀以暗撤朝鮮之門户恐該
國受其愚弄貪一時小利貽他日隱憂此其漸不可
不防爲今之計惟有將吉林與朝鮮通商事宜亟爲
舉行於招攜懷遠之中寓先發制人之意庶可以阻
敵謀而定民志　臣等往復咨商意見相同自應遵照
前次奏定章程派員督理商務以專責成
詔從之

又奏吉林與朝鮮互市貿易前經議定通商條款勘明朝鮮會甯府對岸和龍峪設立總局慶源府對岸西步江爲琿春所屬毘連俄界設爲分局又鍾城對岸光霽峪設爲分卡揀派委員督理商務先後由吉林將軍會奏聲明該局卡每年應用經費由臣另行具奏在案茲准吉林將軍咨稱和龍峪等處通商非若奉省中江關與朝鮮義州相近者可歸地方官兼轄必須多派員役稽查且地接俄界時有函牘往來亦應酌用繙譯通事今擬和龍峪總局用督理委員一員隨員二員英文繙譯一員朝鮮俄羅斯通事各

一名司事四名書識二名聽差六名西步江分局委
員一員司事二名書識一名通事各一名聽差三名
光霽峪分卡委員一員司事通事書識各一名聽差
二名刊發總局木質關防分局卡木質鈐記各一顆
以昭信守其委員繙譯通事司事聽差應給薪水工
食暨新設局卡應各修建房屋並各造大號渡船一
隻需款浩繁吉林無款可籌咨請查照前案由臣覈
奏等因前來臣查和龍峪等處甫經剏辦商務地方
荒僻百物昂貴迥非內地可比且時有與朝鮮俄羅
斯交涉事件一切因公支應難以預計查原訂朝鮮

貿易章程載明商務委員應用經費歸於自備從前館宇飭廩芻糧迎送等費悉予罷除既已禁其供億自應從寬酌給薪費以資辦公除應行建造局卡房屋渡船雇用水手置備器具等項據該將軍咨稱擬由吉省公款內先行借墊銀一萬兩發交督理委員承領估辦俟事竣覈實造報外所有委員繙譯等項薪水工食應由吉林將軍覈定數目給領分咨查照其心紅紙張及一切因公用款應由督理委員撙節動支按年造册詳請將軍咨報總理衙門覈銷此項經費吉省既無另款可籌應請援照朝鮮商務委員

成案暫在出使經費内動用就近由山海關撥結在
洋稅應解出使項下滙撥銀三千兩解由吉林將軍
就款覈實撙節支發按年奏銷仍俟試辦三年後彙
覈所收進出口稅項能否足敷各局卡用度不致再
動出使經費屆時察酌情形會商具奏
十四年通商大臣李鴻章吉林將軍長順奏吉林與
朝鮮互市貿易於和龍峪西步江光霽峪分設局卡
派員經理應需經費前經臣等奏准由山海關出使經
費項下撥結撥銀三千兩聲明俟試辦三年後彙覈
所收進出口稅能否足敷局卡用度再察酌情形會

商具奏等因嗣戸部以該局卡自光緒十一年十一月開徵起連閏至十三年六月計一年零八箇月僅收稅銀一千一百餘兩是一年收數不敷一月之用應否令該省將薪水等項覈實删減抑或准其照舊辦理咨由總理衙門轉咨到直業經臣商准吉林將軍擬於十四年七月起每結删減銀八百兩咨覆總理衙門在案茲又准吉林將軍咨轉據吉朝商務委員稟稱吉朝通商原擬俟刷還流民酌撥防軍再行舉辦旋因俄人與朝鮮有陸路通商之議慶興府與俄鎮兩處人民往來甚密是以亟設局卡藉可杜漸

防微該處皆曠野空山時有盜賊出沒朝鮮關北一
帶地方因之不靖自經設局聯絡朝員梭巡稽察匪
類斂跡凡遇無告窮黎量力安置韓民入我境者儼
有樂郊樂土之思其交涉事件亦無不推誠布公和
衷商辦至越墾韓民爲數旣眾往往與華民爭墾互
毆局員平其曲直使彼此息忿否則怨不在大積久
易滋事端琿春敦化遠在三五百里以外若非該局
就近撫馭實無以安民心而弭隱患惟和龍峪一帶
人煙稀少居民貧苦異常朝鮮沿江各府更無富商
大賈是以貨物銷售有限稅收不旺現值該局試辦

居滿所收稅數如此微細就目前而論似非裕財之道就久遠而論實亦撫治邊陲維繫韓人之策所有商務經費擬奏明展限三年俟將來人民富庶稅務振興再截止出使經費等因前來臣查吉林和龍峪一帶分設局卡本欲羈縻韓民非爲多收稅項若遽裁撤恐於時局有礙現旣彙覈稅項不敷局卡用度自應將需經費展限三年仍由山海關按照删減數目每結解交銀二千二百兩撙節動用俟限滿能否就稅項挹注再行察酌辦理以上據檔案

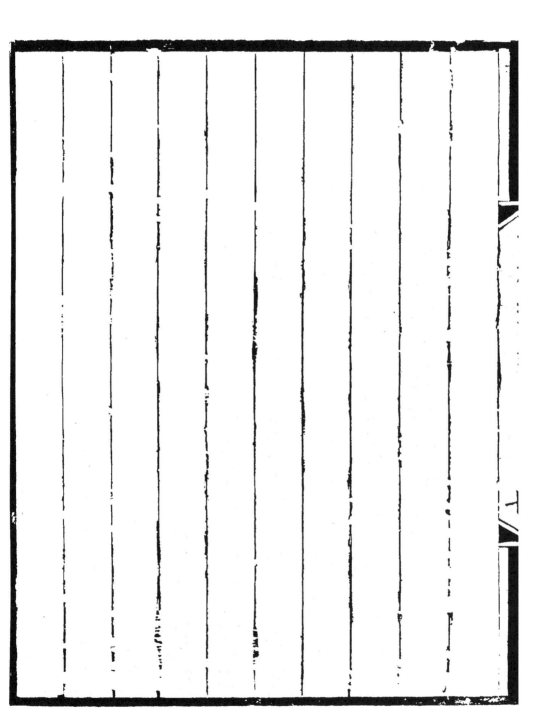

吉林通志卷

經制志八 征榷

吉林城

菸酒總局一木稅總局一均在城內由將軍各派員經征無專員隨時揀派菸酒木稅分局四一伊通河一岔路河一雙陽河一法特哈門至冬於伊通門河南屯水曲柳岡兩方山金馬川天成店永河屯小河台袁家大橋各扼要地方派役巡緝以防偷漏春盡則撤

稅額　菸酒額征稅銀二萬八千兩木植額徵稅銀三千七百兩原係吉林廳經征光緒四年改由將軍衙門經征照章除經徵員役公費銀一成實應交菸酒木稅銀二萬八千五

百三十八兩零按年造册報銷册報後凡似此者不悉注

將軍銘安奏吉林廳向有徵收菸酒木稅舊額爲數

少而盈餘多公私酬應悉出於此同治四年加增額

徵銀三萬一千七百兩議定提銀八千兩爲該廳公

費立法本周無如積欠則實去名存每年公費除供

給將軍副都統規費及酬應各司外疊有虧累弊端

叢生致稅課日絀亟應變通以昭覈實擬將菸酒木

稅改歸將軍派員經征從之招檔

吉林雜稅舊志原係甯古塔旗員徵收雍正五年設

永吉州管理儘收儘解每年徵收牛馬牙當稅銀一

千二三百兩不等木稅銀三百二十餘兩不等乾隆十二年裁永吉州改歸理事同知徵收十六年准將軍卓鼐奏每年雜稅以一千六百五十兩木稅銀以三百七十兩爲定額三十年將軍恆魯奏定每年雜稅徵銀一千七百八十兩木稅額徵銀三百七十兩田房稅契無定額儘徵儘解四十四年將軍福康安奏吉林加增斗秤又吉林黃昏燒酒至百斤以上運往他處售者令其納稅未有定額盛京通志口十口

土稅總局在城內咸豐五年設由將軍派員經徵土稅隨時揀派南城子分局一伊通門馬家頭台小河無專員

台放牛溝河南屯分卡五

土税額徵市錢二萬八千吊同治四年奏定照章除員役工食計錢四千二百吊實應解市錢二萬三千八百吊光緒十二年以三吊五百三十文銀價折核銀數如有盈餘儘徵儘解

税則　牛鹿筋每十斤税銀一錢一分三釐三毫　鹿角每十斤税銀二分八釐三毫　芝蘇每斗税銀八釐七毫　青靛每百斤税銀五分　線麻每百斤税銀八分五釐　麻每百斤税銀四分二釐　豆油蘇油蔴油每百斤均税銀三分四釐　牛油每百斤税銀九分九釐九毫　瓜子大鹽每百斤均税銀八分五釐　花蘑每十斤税銀四

分二釐五毫　榆蘑每十斤稅銀八分五釐　凍蘑每百
斤稅銀一錢四分二釐　木耳每十斤稅銀五分二釐
二毫　雜魚每十斤稅銀八釐五毫　魚骨每斤稅銀二
分八釐三毫　蝦肉每十斤稅銀二分八釐三毫　海
參每十斤稅銀一錢四分二釐　海茄子每十斤稅銀二
分一釐三毫　海菜每百斤稅銀五分六釐七毫　鹿
茸虎骨每價錢一吊均稅銀一分四釐二毫　豹皮每張稅銀
一錢二分一釐　水獺每張稅銀九分一釐八毫　狐
皮貉皮每張均稅銀二分三釐八毫　狼皮每張稅銀三
分　貂皮每張稅銀二錢八分七釐　虎皮每張稅銀九

分九釐三毫　貛皮每十張稅銀四錢二分二釐五毫
羊皮每十張稅銀八分五釐　狗皮每十張稅銀五分七
釐　騷鼠皮每百張稅銀二錢四分七釐八毫　灰鼠
皮每百張稅銀一錢一分四釐　土麪鹻每斤稅銀二分
八釐八毫　煙膏每價錢一吊稅銀五釐七毫
咸豐九年將軍景淳奏前准部咨令照南省捐釐章
程各就地方情形酌量試辦當以吉林地僻商艱抽
捐匪易經司事各員變通籌畫權將部頒空白執照
勸令鋪商攤捐在案伏思軍務未竣撥餉孔艱現在
本省挑備餘丁五百名一經奏

旨調發即應撥給軍裝器械並資䘏其家兼以委員查界供
給添撥兵丁閑散操演巡防所需用項爲數甚鉅前
因庫藏空虛曾飭各屬勸捐稍資接濟無如出多入
少莫解燃眉因思吉林各處除菸酒牲畜木植當商
向有例稅其餘山海所出土產均無課程臣擬照南
省捐釐之法暫借商力揀擇土產大宗酌量抽捐其
物之瑣細而無幾者概置不論刻屆冬令正值商販
往來之際宜及時舉行現在省城設局派員總司其
事並咨劄各處妥爲勸導商民暫行試辦或可濟一
時之乏云云摺檔得

旨著照擬試辦查看情形有無裨益再行奏明三十四東華續錄

光緒十七年將軍長順奏吉林應徵土稅原以山海土產三十六宗按則收稅其中油蔴青靛等物均因歉收少出尤爲減稅大宗全賴蔘茸皮張以補稅額無如東山山海所產多由海參崴海運南行卽荒地開墾野牲難藏稅額遞見少收市肆蕭條商販星稀無論如何儘力徵收恐難足額云云摺檔

官蔘局不知起於何時在局子街街因局名歲由將軍派員經理蔘事凡燒鍋票課向例由局徵解以抵俸餉定額吉林長春票一百五十張伯都訥三十二張阿

勒楚喀拉林雙城賓州四十張每票納課市錢七百二十吊五常廳琿春之南岡吉林之邊荒小燒鍋光緒十三年戸部議定每筒歲納課銀二百兩

道光十年十二月

諭内閣福克精阿奏酌擬辦理吉林甯古塔卧票蔘價銀兩一摺吉林甯古塔蔘票内有卧票向例令攬頭等於年前先交官蔘俟來春蔘商購買餘蔘時抽收銀兩茲據該將軍查明道光八年吉林卧票因無蔘商前來購買攬頭等又不能及時交納飭令赴蘇售賣以致輾轉拖延始歸原款本年甯古塔卧票三十六張蔘價銀八千一百三十六

兩已照新改章程豫爲發給其吉林卧票一百十五張自未便先行發給以致再有遲延著照所請除甯古塔卧票業經發給攬頭外其吉林本年卧票仍照向例令攬頭等於年前先交官蔘俟來春蔘商起程時一面發給蔘價即便抽收蔘餘歸款以重庫項 聖訓三十八

咸豐七年四月已丑

諭軍機大臣等景淳奏燒商無力交納票錢現均關閉請旨遵辦一摺吉林燒商交納票錢自停蔘以來藉以抵充俸餉近年鋪家較少票錢轉增以致商力拮据難以交納若竟聽其關閉則應支俸餉既恐無著而糧食以停燒壅滯

於農民生計亦有妨礙自不若將票錢減歸原額於官民均有裨益惟該商民日形寥落減收之後能否無誤輸將著景湉督飭廳員體察情形如果諭令復業於原額十萬八千吊之數不致再有短缺即先行曉諭該商仍行復業嗣後應如何酌收票錢以舒商力之處著景湉妥議章程具奏東華續錄四十四

釐捐總局在城內由將軍派員經辦初由商人包納後設局征收

貨釐捐額收市錢八萬吊各城及府廳州縣合收市錢十五萬二千吊分詳各城及府廳州縣下議定歸入俸餉造册核銷

光緒五年十一月將軍銘安奏練兵必須籌餉裕

國尤在便民綜核吉林進款大宗除地丁荒租雜稅外有鋪商日釐捐起於咸豐七年按各商等次逐戶派捐城市一月彙交村鎮兩季分納統計每年捐錢九萬餘吊嗣因商旅蕭條原額遞虧光緒三年吉林長春僅收三萬三千餘吊較原額虧三萬五千六百餘吊各城亦復虧減無從賠補 臣 體察情形與其拘守舊章何如變通盡利去年秋間派員先將省城長春兩處原有日捐改照各商賣貨錢數按每吊抽收釐捐錢一十文作爲貨釐各外城亦分別勸辦奏明試

收在案旋經商民呈請按照釐捐抽收六七釐章程
辦理等情請減前來臣恩更章伊始總期於商無損
於稅無虧方能行遠因卽改爲七釐准按每賣錢一
吊抽收七文令各就地方情形酌量辦理現計通省
每年約可收錢二十四萬餘吊較從前原定之額增
至一倍有餘較近年收捐之數增至數倍不止捐檔
四釐捐光緒十年議定於貨釐捐外暫抽四釐充寶
吉局鑄錢經費通省歲收捐錢十二萬吊有差款歸
外結不造册報
蔓稅局在迎恩門外由將軍派員經征隨時揀派無專員

蓡藥稅額征市錢一萬八千吊照章除員役工食計二千七百吊實應解市錢一萬五千三百吊

光緒七年五月銘安奏竊臣前因籌辦經費安插流民諸事擬請弛禁秧蓡與諸草藥分別抽收稅課以除積弊而裕餉源等因具奏奉

諭銘安奏稱請准將秧蓡諸草藥酌收稅課等語吉省所產秧蓡既與老山蓡迥異且匪徒因之爭訟原不妨變通辦理以除積弊而裕餉源著銘安遴派廉幹之員將秧蓡及諸草藥稅課體察情形妥議章程奏明試辦務須詳細籌畫勿滋流弊欽此遵即遴派廉幹協領設局

試辦旋據稟稱吉省土產秧蔆草藥甚夥如按藥料之貴賤定稅課之重輕或抽十分之一或抽百分之二可免商民苦累永遠奉行秧蔆獲利較多擬每售市價一吊抽收稅課錢一百文黃蓍黨蔆細辛等二十二種價植本賤獲利亦微擬每售市價一吊抽收稅課錢二十文每年徵收若干於次年春間造報解庫並照吉省徵收土稅章程按一五成扣除人役工食免其造册報銷等語　臣　等悉心查覈所擬均屬允當批令遵照試辦伏念弛禁秧蔆原爲安商民之生業編查營戶實以稽盜匪之窩逃化私爲官於餉項

不無小補興利除弊於地方可望久遠遂令內外城
凡有山塲地面挨界清查營戶人數統令赴局承領
執照以便抽查並出示嚴禁偷挖老山蕿枝及嚴防
藥貨繞越隱漏等弊各在案吉省盜風素熾近年以
來大股雖已肅清而地闊山多伏莽仍復不少此次
將種蕿各戶令其陸續報明旣奉功令之章程何畏
奸民之挾制逋逃所至容隱已難至查禁老山蕿枝
於編查蕿營搜拏餘匪之際更當密益加密嚴之又
嚴自可杜絶偷挖不致別滋流弊有裨治理足慰
聖廑茲據蕿藥稅局委員等報稱自上年十月開徵之日

起截至十二月底止共收稅錢一萬零七百三十吊零二百八十文循照土稅章程扣除一五成人役工食錢一千六百零九吊五百四十二文應存稅課錢九千一百二十吊零三十八文除此次採辦呈
進薓枝需用工價市錢一千四百零七吊外實存市錢七千七百一十三吊七百三十八文如數解庫以濟經費云云又奏言秧薓草藥數在百兩以上者飭令報明納稅孤客小民攜帶不及百兩者非販賣可比免其起票納稅云摺檔

煤釐光緒七年將軍銘安奏准以二分抽釐初乾隆

四十五年議請試採産煤山場奉部咨駁嘉慶十九年將軍富俊奏照奉天煤窰試採章程每座歲納課銀十七兩六錢八分自是吉林遂有煤稅而歷年稅課之盈絀産煤之衰旺年遠無可稽銘安蒞吉講求裕餉之源至是遂有開煤窰以抽釐事其疏曰選員查勘石碑嶺大葦子溝杉松之泥球溝子鍋盔頂子柳樹河子五處均各顯露煤線煤苗豐旺堪以開採且與禁山廬墓風水毫無關礙擬卽准由商民開採其抽釐稽查章程查吉省煤窰納稅舊章按年每窰僅收稅銀十七兩六錢零八釐此外別無輸納現在

籌餉之際擬請舊窰停納稅銀與新窰一律抽釐以二分爲額如賣中錢十吊納釐稅錢二百文買賣各出百文於開採日起徵工司發給新舊各窰蓋用關防大小帳簿用完隨時關領不准私立帳簿如有情弊查出懲辦其經理抽收釐稅及隨時查核等事應委妥員設局經收所收錢文彙總交庫至官吏工食擬請仿照釐捐章程提出一成九成存庫以備提撥如此量爲變通較之從前定額所增奚啻倍蓰似於餉項不無小補云

詔可初年徵錢三千一百五十五吊有奇八年征錢二千

七百三十四吊九年征錢一千九百六十九吊十一年征錢一千九百五十吊零十年征數未據册報十二年征錢二千八百八十五吊零十三年征錢二千六百九十八吊零十四年征錢三千二十八吊零十五年征錢一千五百八十五吊零十六年征錢二千一百五十八吊零十七年征錢一千四百四十五吊零十八年征錢二千二百十吊零

洋藥捐輸局在城內由將軍派員經征洋藥捐

洋藥捐歲收銀四千四百七十三兩三錢六分

洋藥稅征市錢一千五百八十五吊

以上共征菸酒木植稅洋藥捐銀三萬三千零零三兩三錢六分征土稅蕘票蕘藥稅洋藥稅釐捐四釐捐煤釐捐錢二十四萬二千八百九十五吊

光緒十七年將軍長順奏奉

諭總理各國事務衙門戶部奏整頓土藥稅釐請飭詳查妥辦一摺內地栽種土藥爲中國出產大宗前據該衙門會奏請飭各省體查情形酌量加稅當依議行誠以洋藥充斥久爲中國漏巵近年以來民間栽種日多獲利甚重駸駸有不可復遏之勢果能設法稽徵認眞辦理既可裨益餉需且亦收獲利權之一助並可以徵爲

禁隱寓崇本抑末之意乃各省先後覆奏多以窒礙爲辭數年之久迄無切實辦法近聞吉林黑龍江呼蘭熱河及四川雲南江南徐淮等處土藥出產日繁各該省局卡徵收稅項官吏隱匿入己爲數甚鉅弊端百出盡飽私囊以致徵多報少於國課毫無裨補著即詳查各該省地方情形或於出產之處就地徵收或於販運過境嚴查走漏或即就現在私收之項和盤托出悉數歸公均由該將軍督撫等秉公嚴查詳細籌議欽此遵查
土藥一項前准戶部議准推廣洋藥捐輸行令不分
洋土藥一概發給華商行坐部票收捐助餉當經查

明吉林情形不同酌擬變通於原定土藥每十斤捐銀二兩之外量加一兩二錢以抵坐票捐課即由本省刊發行票鈐用印信派員試收於光緒十一年七月二十日奏准又以洋藥零星銷售應照奏定新章每百斤抽收捐銀八十六兩毋庸再收票捐亦由本省發給行票以歸簡易奏准通行此吉林徵收土藥原定辦法也自光緒十一年五月初一日試收起至是年年底止共收銀二萬五千零七十五兩十二年分收銀三萬六千六百五十兩十三年分收銀二萬八千三百八十九兩零十四年分收銀一萬六千四

百七十一兩零十五年分收銀一萬五千八百五十一兩零此定章後按年收捐實數也查稅課衰旺本以出產多寡爲分吉林土藥每年究出若干從未切實查明此次派員分查後據覆五城副都統所屬旗民栽種罌粟地共四千一百九十一晌五畝三分民署所屬地方並雙城五常兩堡及拉林額穆赫索羅等處共地二千八百五十一晌六畝七分統共查得地七千零四十三晌二畝以每餉出藥八九斤計之每年可得六萬三千餘斤以每百斤收捐銀三十二兩計之每歲捐銀應在二萬兩上下伏思理財之道

總期有益於
國無損於民方爲盡善總稅務司赫德所擬辦法施之
印度則稽核甚便施之吉林則被累難堪且其所定
稅銀以洋藥章程徵收土稅亦嫌過重因地制宜大
端不外平嚴緝走漏杜絕中飽之弊初不必酌增捐
數致病商民擬請酌添分卡專查偷漏繞越並請將
落地稅量予加增每賣價市錢一吊抽收稅錢三十
文與捐銀一併儘徵儘解以濟餉需云云捐檔

烏拉城
貨釐捐額收市錢一千吊商人包納

以上征貨釐捐錢一千吊

額穆赫索羅地方

土稅局由佐領派員經征土稅

南岡分卡一併入省地總局報解

五常堡

稅課局在堡城由協領派員役經征土稅

土稅額征市錢一千零八十吊照章除員役工食一百六十二吊實應解市錢九百十八吊

貨釐捐額收市錢一千二百吊

洋藥稅額征市錢十八吊四百九十八文

洋藥捐額收銀四十一兩三錢五分

以上共征洋藥捐銀四十一兩三錢五分征土稅洋

藥稅貨釐捐錢二千一百三十六吊九百四十文

甯古塔城

稅課局在城内由副都統派員役經征

雜稅額征銀一千六百十三兩七錢一分二釐八毫

當課額征銀十二兩五錢每當鋪一家額徵銀二兩五錢

鹽稅額征市錢二百四十五吊六百七十文

油稅額征市錢五百六十八吊四百八十八文

燒鍋票稅額征市錢一萬吊

洋藥稅額征市錢八十九吊零七十文
洋藥捐額收銀二百十四兩零二分
貨釐捐額收市錢四千一百吊
以上共征雜稅當課洋藥捐銀一千八百四十兩二
錢三分二釐八毫征燒鍋票稅油稅鹽稅洋藥稅貨
釐捐一萬五千零三吊二百二十八文
甯古塔雜稅有蕧票之年徵收四百兩無蕧票之年
徵收二百一二十兩不等乾隆十六年准將軍卓鼐
覆奏有票之年以四百五十兩爲定額無票之年以
二百八十兩爲定額二十八年將軍恒魯奏增斗秤

當店牙行木植等稅三十年奏定牲畜牙行雜稅有蘯票之年額徵銀九百十二兩無蘯票之年儘收儘解額徵銀一百五十八兩盛京通志口十口

伯都訥城

稅課局在城内由副都統派員經征土稅

孤榆樹分局

土稅額征市錢一千四百吊原額九百吊光緒八年征如今額照章除員役工食計二百十吊實應交市錢一千一百九十吊初由商人包納廳官征解光緒八年歸旗署經征如數解庫册報將軍衙門備用

魚稅額征銀一百二十兩南江魚網二處北江魚網四處每魚網歲納課銀二十兩

乾隆二十九年議准吉林伯都訥地方魚網十八張每網一張徵稅銀二十兩拉林地方魚網十張蒙古等魚網十二張作爲閒散滿洲並蒙古乾糧不收稅銀俱立定限界不得逾越打魚違者治罪魚網入官

變價會典事例一百九十五按魚網現有六張較原定時少十二張未知何時裁

貨釐捐額收市錢五千一百吊

洋藥稅額征市錢五十三吊二百三十六文

洋藥捐額收銀一百十七兩六錢八分

以上共征魚稅洋藥捐銀二百三十七兩六錢八分征土稅貨釐捐洋藥稅錢六千三百四十三吊二百三十六文

乾隆元年裁汰長甯縣將牛馬稅務改歸副都統衙門徵收每年一百二三十兩不等十六年准將軍卓鼐覆奏雜稅以二百零七兩爲定額若遇多徵儘收儘解盛京通志□十□　按牛馬雜稅光緒七年改歸廳官征解

三姓城

稅課局在西門外由副都統派員經征雜稅土稅

雜稅額征銀八百二十七兩七錢二分五釐照章除

員役工食計一百二十兩零實應解銀七百十四兩八錢五分一釐款存司庫册報將軍衙門備用店稅當稅秤稅斗稅歸入雜稅併徵

乾隆三十二年奉部議准三姓准照阿勒楚喀拉林抽課章程三十五年議准三姓地方徵收木稅每年以一百二十八兩作爲定額會典事例七百十赫哲費雅喀

乾隆四十四年將軍和隆武奏進過餘賸貂皮在京城銷售者照例由崇文門收稅其攜往盛京售賣者即在本地令其納稅所收稅銀俱歸入雜稅項下報部俟試徵一二年後再行定額盛京通志□十□

按貂皮稅銀據册報額定一百八十四兩八錢歸入雜稅項內

土稅額征市錢四千九百零九吊七百零九文照章除員役工食計九百七十四吊四百六十八文實應解市錢三千九百三十五吊三百二十二文光緒十一年議定以三吊五百三十文折合銀價交納遇閏加銀一兩咸豐四年初征以錢三千五百零九吊零爲額光緒四年加征如今數

稅則詳見前

護江關稅局在城東三十里巴彥通由副都統派員經征松花江下往商船貨物照土稅征收

光緒六年將軍銘安幫辦吉林事宜吳大澂奏請吉

林三姓地方擬就新設之護江關設局分别抽收釐
税等因一摺奉
諭銘安等奏三姓擬就水關抽收釐税自爲因時制宜起
見即著飭令派出之員審愼辦理酌收税項不必抽釐
且重在稽查不重在收税不可徒滋擾累欽此

護江關額征市錢四千五百吊照章除員役工食計六百七十五吊　實應解市錢三千八百二十五吊款存司庫
册報將軍衙門備用

洋藥税額征市錢二十吊零一百八十四文

洋藥捐額收銀四十五兩一錢七分

貨釐捐額收市錢二千吊
以上共征雜稅洋藥捐銀七百五十二兩八錢九分
五釐征土稅關稅洋藥稅貨釐捐錢九千七百八十
吊零四百二十五文
道光四年四月
諭內閣富俊奏籌議散放三姓蔓票一摺吉林三姓地方額
定蔘票從前因每年放不足數將額票十三張移撥琿春
試放以致甯古塔放票情形拮据辦理本末平允嗣經富
俊奏准將前票仍歸三姓散放後復有議給津貼名目第
各城票張不少若紛紛效尤成何政體嗣後著責成承辦

蔓務之員將額票全數散放不得藉詞接濟希圖津貼至
該處出產貂皮各商先往承買若在吉林完納稅銀程途
較遠易滋偷漏著准其就近在三姓副都統衙門納稅領
票進關售賣其稅銀卽存貯副都統衙門庫內抵充該處
官兵俸餉該副都統仍嚴加稽察儘收儘解咨報該將軍
查覈俟試收三年再以多收年分定爲稅額如有任意勒
掯浮收卽著嚴行懲辦聖訓三十七

阿勒楚喀城

稅課局在城內由副都統派員經征土稅

賓州廳分局至冬於蜚克圖色勒佛特庫扼要地方巡緝春盡則撤

土稅額征市錢六千八百吊照章除員役工食計一千零二十吊實應解市錢五千七百八十吊

貨釐捐額收市錢一萬一千吊

洋藥稅額征市錢三千三百二十五吊五百九十文

洋藥捐歲收銀七千五百六十三兩六錢四分

以上共征洋藥捐銀七千五百六十三兩六錢四分征土稅貨釐捐洋藥稅錢二萬零一百零五吊五百九十文

阿勒楚喀拉林乾隆二十八年設稅務三十年將軍恆魯奏准額設牛馬稅銀二百一十兩四十四年將

軍福康安奏設斗秤當帖稅銀未有定額盛京通志口十口
按牛馬稅斗秤當帖稅光緒八年設廳後歸賓州廳徵解

雙城堡

稅課局在堡城由協領衙門派員役經征土稅

土稅額征市錢二千二百四十吊照章除員役工食計三百三十六吊實應解市錢一千九百零四吊

貨釐捐額收市錢一萬二千吊

洋藥稅額征市錢十八吊九百四十八文

洋藥捐歲收銀四十一兩三錢五分

以上共征洋藥捐銀四十一兩三錢五分征土稅貨

釐捐洋藥稅錢一萬三千九百二十二吊九百四十八文

拉林城

稅課局在城內由協領派員役經征土稅

韓家店分卡一

土稅額征市錢一千五百八十吊照章除員役工食計二百三十七吊　實應解市錢一千三百四十三吊按皇朝文獻通考拉林稅銀定以七十二兩爲額應指雜稅而言現歸雙城廳征解

貨釐捐歲收市錢三千一百吊

洋藥稅額征市錢三十五吊五百零八文

洋藥捐歲收銀七十九兩五錢三分

以上共征洋藥捐銀七十九兩五錢三分征土稅貨

釐捐洋藥稅錢四千四百七十八吊五百零八文

琿春城

稅課局在城内由副都統派員經征

雜稅額征銀一百五十兩

土稅額征市錢三百二十吊

洋藥稅額征市錢八吊四百六十二文

洋藥捐額收銀二十六兩一錢四分

貨釐捐歲收市錢一千吊

以上共征雜稅洋藥捐銀一百七十六兩一錢四分征土稅洋藥稅貨釐捐錢一千三百二十八吊四百六十二文

光緒十年九月將軍希元奏言琿春雖孤懸一隅東濱海嶠乃山海貨物出產之區所有應納土稅向歸省城總局徵收當經行令凡在該處就地銷售貨物准其照章徵收若運往他處者不准中途截徵其牲畜雜稅准其一律照收年終據實報解云云摺檔

吉林府

斗稅光緒七年奏准由分巡道派員役經征額征銀

三萬八千七百八十五兩零據光緒十七年額征市錢十一萬七千四百十吊零按時價折核銀數照章除員役工食計銀三千八百七十八兩零實應解銀三萬四千九百零七兩零如數存庫備抵新設民官廉俸勇役餉銀造册覈銷經征細數詳各城及府廳州縣下

光緒七年三月將軍銘安奏言 臣前經奏請設官求治以清盜源惟添官建署所費甚鉅祇有就地興利以本地所出供本地所需查吉省各城市集鎮斗隻向係私設間有請領官斗而所納之課爲數甚微故於光緒五年揀派委員分赴城鎮仿照奉天酌抽斗稅章程一律勸辦先後會同地方各官傳集大小商

戸調查三年内帳簿逐年核計各就地方情形酌定
抽收斗税數目除三姓琿春二城瘠苦無庸抽收外
其餘城鎮各商戸均已一律遵辦蓋私設之斗本取
費用於民間此番化私爲官在民間之費並無所加
而公家之款已收其益初非損下而益上故易草偃
而風行凡城鎮買賣較大商運較多處所每斗麤糧
一十文細糧二十文小麥三十文其次每斗麤糧八
文細糧十二文小麥十六文再其次偏僻鄉鎮出產
本少商販無多之所凡細糧小麥亦照麤糧每斗一
十文或六文均經覆核尚屬平允當即分别出示遵

行並令各商戶將抽收之款按季交納計每年吉林廳屬糧行燒鍋約可抽收市錢一萬五千吊長春廳屬糧行燒鍋約可抽收市錢三萬吊伯都訥廳屬約可抽收市錢一萬吊阿勒楚喀伊通州二處約可各抽收市錢一萬吊其次各集鎮約可抽收千餘吊一二百吊不等統計通省每年約可抽收斗稅市錢十二萬吊有奇如有盈餘儘收儘解第水旱偏災雖豐年亦所不免而斗稅之徵納視糶糴之多寡爲盈虧似未便以豐年所徵定爲每歲常額應隨時派員稽查嚴禁偷漏如遇歉歲減收自當據實奏明辦理並

項內酌提一成以爲稽察經理斗稅各員弁人役工食之用免其造册報部核銷所收斗稅另款彙存俟積有成數以作添官建署之費摺檔　按斗稅奏准經征照章除員役工食外如數存庫備抵新設民官廉俸勇役餉銀造册覈銷其經征數目詳下各府廳州縣

稅務總局在府城由知府派書役經征雜稅

雜稅額征銀九百二十六兩二錢七分

稅則　牛馬騾驢每賣價銀一兩稅銀三分　豬羊每賣宰一口均稅銀三分　活豬每販一口稅銀五分　黃菸每百觔稅銀二錢　燒酒每百觔稅銀四分

店課銀二十兩
當課銀一百六十二兩五錢
牙秤銀十五兩
房稅銀三百四十兩二錢四分據光緒十五年征數
以上共征雜稅店課當課牙秤房稅銀一千一百二十三兩七錢七分

伊通州
稅務總局在州城由知州派書役經征雜稅
磨盤山分局赫爾蘇分卡
雜稅額征銀八百九十兩照章除書役工食計銀八十九兩

實應解銀八百一兩歸吉林府併解
店課銀十二兩
當課銀五十二兩五錢
房稅銀二百餘兩
斗稅額征市錢一萬二千六百八十六吊八百文由
商人包納按時批解道庫
貨釐捐額征市錢一千吊
以上共征雜稅店課當課房稅銀一千零六十五兩
五錢征斗稅貨釐捐錢一萬三千六百八十六吊八
百文

敦化縣

稅務局無

雜稅銀額征銀五十八兩四錢歸吉林府併解

當課銀二兩五錢

房稅銀二十餘兩

斗稅額征市錢四百九十八吊由商包納按時批解

道庫

貨釐捐額征市錢五百吊

以上共征雜稅當課房稅銀八十兩零九錢征斗稅

貨釐捐錢九百九十八吊

長春府

稅務總局在城內由知府派書役經征雜稅

富豐山分局一河陽堡分卡一

雜稅額征市錢一萬六千八百吊同治三年額定二萬八千吊光緒十五年分設農安縣改如今額照章除書役工食計錢一千六百八十吊並府署辦公計錢四千八百吊光緒十二年改核銀款實應解銀二千九百二十三兩零

稅則　牛馬騾驢每賣價錢一吊稅錢三十文　販活豬每口稅市錢一百文　賣宰豬每口稅市錢六十文　黃菸每百斤稅市錢四百文　燒酒每百斤稅市錢八十文　農安

縣稅則

照此

當課額征銀三十七兩五錢光緒十七年當鋪十五家

土稅額征市錢三萬六千吊咸豐七年額定二萬四千吊同治七年加征一萬二千吊遇閏加三千吊光緒十二年改核銀一萬一百九十八

兩零按時批解司庫報册

燒鍋票稅與吉林府屬額定共納票市錢十萬八千吊光緒十七年册燒鍋府屬十五農安七每燒鍋由歲納票課錢二千七百六十吊二百三十文

府批解官蔘局

斗稅額征市錢一萬九千八百吊光緒十年額定一萬八千吊十三年加征一千吊十六年征如今額又燒鍋斗稅額征市錢九千二百吊

均由商人包納按時批解道庫

貨釐捐額收市錢八萬吊經商遜解司庫

洋藥捐分局在城内歸併總局批解無定額總局派員經征

房税無郭爾羅斯公徵

以上共征當課銀三十七兩五錢征雜税土税燒鍋票税斗税貨釐捐錢二十六萬三千三百二十吊

農安縣

税務總局在城内由知縣派書役經征雜税

靠山屯分局一白旗岡分卡一

雜税額征市錢一萬一千二百吊照章除書役工食

計一千一百二十吊並縣署辦公計三千二百吊實應解六千九百八
十吊光緒十二年改核銀款批解
當課額征銀二十兩光緒十七年當鋪八家
土稅額征市錢三千六百吊
燒鍋票稅額數詳前光緒十七年縣屬燒鍋七由縣批解官蔘局
斗稅額征市錢一萬五千二百吊又燒鍋斗稅額數
未據册報定章每筒納市錢一百三吊三百七十文均由商人包納按時
批解道庫
貨釐捐額征市錢三千五百吊經商運解司庫
洋藥捐分局在城內歸併總局批解無定額總局派員

房稅無郭爾羅斯公徵

以上共征當課銀二十兩征雜稅土稅燒鍋票稅斗稅貨釐捐錢二萬九千一百八十吊

伯都訥廳

稅務總局在廳城由同知派書役經征雜稅

新城分局一

雜稅額征銀二千八百六十三兩零照章除書役工食計銀二百八十六兩三錢實應解銀二千五百七十六兩七錢

稅則詳見吉林府

店課銀二十四兩

當課銀一百四十二兩五錢

牙秤課銀口兩

房税銀六百餘兩

燒鍋票税銀一萬六千兩由廳批解官蔘局

斗税額征市錢一萬六千五百九十吊

貨釐捐額征市錢六千五百吊

以上共征雜税店課當課房税燒鍋票税銀一萬九千三百四十三兩二錢征斗税貨釐捐錢二萬三千零九十吊

五常廳

税務總局在城内由同知派書役經征雜税

山河屯分局至冬於五常堡二道河炕沿山桃兒山張全船口房身岡四道岡五道岡六道岡七道岡八里甸扼要地方派役巡緝春盡則撤

雜税額征銀六百六十五兩光緒十五年奏定額數　照章除書役工食計六十六兩五錢　實應解銀五百八十八兩五錢

税則詳見吉林府

房税銀九百餘兩

以上共征雜税房税銀一千四百九十八兩五錢

賓州廳

税務總局在城内由同知派書役經征雜税

阿什河分局至冬於南天門裴克圖小海溝西石槽分水嶺腰營廣興莊扼要地方派役巡緝春盡則撤

雜稅額征銀一千二百六十兩光緒十五年奏定額數照章除書役工食計銀一百二十六兩實應解銀一千一百八十四兩

稅則詳見吉林府

店課銀三十二兩

牙秤稅銀六兩

房稅銀一千一百餘兩

燒鍋票稅額征銀七千三百兩由廳批解官薓局

斗稅額征市錢一萬一千吊原額一萬吊光緒十二年征如今額由商

包納按時批解道庫

以上共征雜稅店課牙秤稅房稅燒鍋票稅銀九千五百七十二兩征斗稅錢一萬一千吊

雙城廳

稅務總局在城內由通判派書役經征雜稅

拉林分局

雜稅額征銀六百六十四兩光緒十五年奏定額數照章除書役工食計銀六十六兩四錢實應解銀五百九十九兩六錢拉林額徵雜稅銀數由廳併解

稅則詳見吉林府

店課銀十二兩

當課銀七十兩

牙秤課銀六兩

房稅銀二百餘兩

燒鍋票稅與阿勒楚喀拉林賓州共征額稅銀二萬兩新設小燒鍋每筒歲征銀二百兩無定額由廳批

解官蔘局

斗稅額征市錢七千吊由商包納按時批解道庫拉林額征錢數彙入同解

以上共征雜稅店課當課牙秤課房稅銀八百八十

五兩八錢征斗稅錢七千吊
總共征銀七萬七千八百兩零征錢六十六萬三千
六百八十四吊一百四十五文

吉林通志卷四十四

學校志一　祀典上

歷代

周魯哀公十六年夏四月己丑孔子卒公誄之曰旻天不弔不憖遺一老俾屏余一人以在位煢煢余在疚嗚呼哀哉尼父無自律傳左

漢封孔子九代孫騰爲奉祠君志闕里

武帝元朔二年拜孔臧爲太常恩賜如三公禮同上

元帝即位徵孔霸以帝師賜爵關內侯食邑八百戶號褒成君光傳漢書孔

成帝綏和元年封孔吉爲殷紹嘉侯三月進爵爲公地百里漢書本紀十

平帝元始元年封孔子後孔均爲褒成侯奉其祀追謚孔子曰褒成宣尼公漢書本紀十二

後漢世祖建武五年封殷後孔安爲殷紹嘉公後漢書本紀上

十四年封孔子後志爲褒成侯後漢書本紀一下

明帝永平二年郡縣道行鄉飲酒禮原書無禮字於學校皆祀聖師周公孔子牲以犬續漢志禮儀四

和帝永元四年徙封孔損爲褒亭侯後漢書儒林傳上

光和元年置鴻都門學畫孔子及七十二弟子像後漢書蔡邕傳下

魏文帝黄初二年春正月以議郎孔羨爲宗聖侯魏志本紀二

晉武帝泰始三年改封孔子二十三代孫宗聖侯孔震爲奉聖亭侯文獻通考四十三

孝武帝太元十一年封孔靖之爲奉聖亭侯奉宣尼祀晉書本紀九

宋文帝元嘉十九年詔奉聖之後可速議繼襲宋書本紀五

孝武帝孝建元年詔開建廟制同諸侯之禮厚給祭秩宋書本紀六

齊武帝永明三年詔立學有司奏宋元嘉舊事學生到先釋奠先聖先師禮又有釋菜未詳今當行何禮用何樂及禮器尚書令王儉議釋菜禮廢今之所行釋奠而已金石俎豆皆無明文方之七廟則輕比之五祀則重陸納車允謂宣尼廟宜依亭侯之爵范甯欲依周公之廟用王者儀范宣謂當其爲師則不臣之釋奠日宜備帝王禮樂此則車陸失於過輕二范傷於太重元嘉立學裴松之議應舞六佾以郊樂未

具故權奏登歌今金石已備宜設軒縣之樂六佾之舞牲牢器用悉依上公南齊書禮志

梁武帝天監四年正月置五經博士各一人分遣博士祭酒廵州郡立學六月初立孔子廟資治通鑑一百四十六

敬帝太平二年詔搜舉魯國之族以爲奉聖後并繕廟堂四時薦秩一皆遵舊梁書本紀六

陳廢帝光大元年以兼從事中郎孔英哲爲奉聖亭侯奉孔子祀陳書本紀四

北魏太祖天興四年二月丁亥命樂師入學習舞釋菜於先聖先師魏書本紀二

顯祖皇興三年詔賜孔氏四人官闕里志

高祖延興二年詔有司祭孔子廟制用酒脯不聽婦女合雜以祈非望之福犯者以違制論其公家有事自如常禮魏書本紀七上

三年以孔子二十八世孫乘爲崇聖大夫同上

太和十六年改謚宣尼曰文聖尼父告謚孔廟魏書本紀七下

十九年改封二十八葉孫珍爲崇聖侯文獻通考四十三

二十一年賜田以養孔氏子孫闕里志

北齊文宣帝天保元年詔封崇聖侯邑一百戶以奉

孔子之祀北齊書本紀四

後齊制新立學必釋奠禮先聖先師每歲春秋二仲常行其禮每月旦祭酒領博士已下及國子諸學生已上太學四門博士升堂助教已下太學諸生階下拜孔揖顏日出行事而不至者記之爲一負雨霑服則止郡學則於坊内立孔顏廟博士以下亦每月朝云隋書禮儀志九

北周宣帝大象二年三月追封孔子爲鄒國公幷立後承襲北周書本紀七

隋制國子寺每歲以四仲月上丁釋奠於先聖先師

年別一行鄉飲酒禮州郡學則以春秋仲月釋奠亦每年於學一行鄉飲酒禮隋書禮儀志九

文帝開皇時贈孔子爲先師尼父志闕里

文帝仍舊封孔子後爲鄒國公煬帝改封爲紹聖侯文獻通考四十三

唐高祖武德九年封孔子之後爲褒聖侯新唐書禮樂志十五

太宗貞觀二年左僕射房元齡等建議武德中詔釋奠於太學以周公爲先聖孔子配享臣以爲周公尼父俱稱聖人庠序置奠本緣夫子故晉宋梁陳及隋大業故事皆以孔子爲先聖顏回爲先師歷代所行

古今通允請停祭周公升孔子爲先聖以顔回配詔從之文獻通考四十三

四年詔州縣學皆作孔子廟新唐書禮樂志十五

十一年詔尊孔子爲宣父同上

二十一年詔以左邱明卜子夏公羊高穀梁赤伏勝高堂生戴聖毛萇孔安國劉向鄭衆杜子春馬融盧植鄭康成服虔何休王肅王弼杜預范甯賈逵等二十二人代用其書垂於國胄自今有事於太學並命配享宣尼廟堂舊唐書本紀三禮儀志二十四

春秋二仲行釋奠之禮初以儒官自爲祭主許敬宗

等奏曰凡在小祀猶皆遣使行禮釋奠既準中祀據理必須稟命今請國學釋奠令國子祭酒爲初獻祝辭稱皇帝敬遣仍令司業爲亞獻國子博士爲終獻其州學刺史爲初獻上佐爲亞獻博士爲終獻縣學令爲初獻丞爲亞獻博士既無品秩請主簿及尉通爲終獻若有闕並以次差攝準祭社同給明衣修附禮令以爲永則舊唐書禮儀志二十四

高宗永徽中復以周公爲先聖孔子爲先師顏回左邱明以降皆從祀新唐書禮樂志十五

顯慶二年太尉長孫無忌等議曰仲尼生衰周之末

拯文喪之弊祖述堯舜憲章文武宏聖教於六經闡儒風於千世故孟子稱生民以來一人而已自漢以降奕葉封侯崇奉其聖胡可降茲上哲俯入先師且邱明之徒見行其學貶爲從祀亦無故事今請改令從詔貞觀爲詔永徽爲令也於義爲允其周公仍依別禮配享武王詔從之文獻通考四十三

三年詔先聖廟用宣和之舞同上

乾封元年追贈孔子爲太師同上

總章元年顏回贈太子少師曾參贈太子少保並配享孔子廟同上

咸亨元年詔州縣皆營孔子廟新唐書禮樂志十五
天授元年封孔子爲隆道公文獻通考四十三
神龍元年以鄒魯百戶封隆道公謚曰文宣舊唐書禮儀志二十四
睿宗太極元年加贈顔回太子太師曾參太子太保皆配享新唐書禮樂志十五
元宗開元八年詔顔子等十哲宜爲坐像悉令從祀曾參大孝德冠同列特爲塑像坐於十哲之次因圖畫七十弟子及二十二賢於廟壁上以顔子亞聖親爲製贊書於石仍令當朝文士分爲之贊題其壁焉

文獻通考
四十三

十一年春秋二時釋奠諸州依舊用牲牢其屬縣用酒脯而已舊唐書禮儀志二十四

十九年春秋二時釋奠天下州縣等停牲牢惟用酒脯永爲常式同上

二十七年詔夫子旣稱先聖可謚曰文宣王遣三公持節册命以其嗣爲文宣公任州長史代代勿絕先時孔廟以周公南面而夫子坐西墉下貞觀中廢周公祭而夫子位未改至是二京國子監天下州縣夫子始皆南向以顏回配贈諸弟子爵公侯子淵兖公

子騫費侯伯牛鄆侯仲弓薛侯子有徐侯子路衛侯子我齊侯子貢黎侯子游吳侯子夏魏侯又贈曾參以降六十七人參成伯通典通考作郕伯顓孫師陳伯澹臺滅明江伯宓子賤單伯原憲原伯公冶長莒伯南宮适郯伯冊府元龜作剡伯誤公晳哀郳伯曾點宿伯顏路杞伯商瞿蒙伯高柴共伯漆雕開滕伯公伯寮任伯司馬牛向伯樊遲樊伯弟子考作凡伯有若卞伯一作汴誤公西赤邵伯通典通考作郜伯巫馬期鄫伯梁鱣梁伯顏柳蕭伯弟子考作蕃伯誤冉孺郜伯通典通考作紀伯曹卹豐伯通典通考作曹伯伯虔鄒伯通典冊府元龜通考作聊伯公孫龍黃伯冊府元龜作少梁伯誤冉季

產東平伯秦子南少梁伯漆雕斂武城伯顏子驕瑕邪伯漆雕徒父須句伯壤駟赤北徵伯商澤睢陽伯石作蜀郈邑伯通典通考作石邑冊府元龜作后邑俱誤任不齊任城伯公夏首亢父伯公良孺東牟伯后處營邱伯秦開彭衙伯奚容蒧下邳伯公肩定新田伯顏襄臨沂伯一作臨邑伯誤鄡單銅鞮伯句井疆淇陽伯罕父黑乘邱伯秦商上洛伯冊府元龜作雒宋以秦祖爵移之秦商誤申黨召陵伯通典通考作邵公祖子之期思伯榮子旗雩婁伯縣成鉅野伯冊府元龜作巨野伯誤左人郢臨淄伯冊府元龜作臨菑弟子考作臨濟燕伋漁陽伯鄭子徒滎陽伯秦非汧陽伯施常乘氏伯顏噲朱

盧伯步叔乘渻于伯顔之僕東武伯原亢籍萊蕪伯樂欬昌平伯廉潔莒父伯顔何開陽伯册府元龜作闕陽誤叔仲會瑕邱伯狄黑臨濟伯邽巽平陸伯孔忠汶陽伯公西與如重邱伯公西蒧祝阿伯於是二京之祭牲太牢樂宮懸舞六佾矣州縣之牲以少牢而無樂新唐書禮樂志十五

又敕兩京及兗州舊宅廟像宜改服衮冕其諸州及縣廟宇既小但移南面不須改衣服文獻通考四十三

二十八年詔春秋二仲上丁以三公攝事若會大祀則用仲丁州縣之祭上丁新唐書禮樂志十五

德宗建中三年以文宣王三十七代孫齊賢爲兗州司功襲文宣公舊唐書本紀十二

憲宗元和十四年以文宣王三十八代孫惟晊襲文宣王文獻通考四十三

武宗會昌二年以文宣王三十九代孫榮爲國子監丞襲文宣王同上

周廣順二年六月以文宣王四十三代孫前曲阜縣令仁玉復爲曲阜縣令仍賜緋魚袋同上

宋初增修先聖及亞聖十哲塑像七十二賢及先儒二十一人皆畫像於東西廊之版壁太祖親撰先聖

及亞聖贊從祀賢哲先儒並命當時文臣爲之贊其
春秋二丁及仲冬上丁貢舉人謁先聖先師命官行
釋奠之禮皆如舊典同上
太祖建隆三年詔廟門準令立戟十六枝同上
乾德四年以文宣王四十四代陵廟主進士孔宜爲
兖州曲阜縣主簿同上
太宗太平興國三年詔孔宜襲封文宣公免其家租
稅先是歷代以聖人之後不與庸調周顯德中遣使
均田抑同編戶至是孔氏訴於州以聞帝特免之同上
淳化四年從監庫使臣請宣聖廟六衙朔望焚香闕里

志

真宗景德三年王欽若奏令諸道州府軍監文宣王廟摧毀處量爲修葺同上

四年同判太常禮院李維言諸州釋奠長吏不親行祀非尊師重教之道詔州縣釋奠刺史縣令初獻上佐縣丞亞獻州博士縣主簿終獻有故以次官攝之宋史禮志一百五

大中祥符元年加謚孔子曰元聖文宣王宋史本紀七

二年詔追封孔子弟子顏回兗國公閔損瑯邪公冉耕東平公冉雍下邳公宰予臨淄公端木賜黎陽公

冉求彭城公仲由河内公言偃丹陽公卜商河東公
曾參瑕邱侯顓孫師宛邱侯澹臺滅明金鄉侯宓不
齊單父侯原憲任城侯公冶長高密侯南宫縚龔邱
侯公晳哀北海侯曾點萊蕪侯顔無繇曲阜侯商瞿
須昌侯高柴共城侯漆雕開平輿侯公伯寮壽張侯
司馬耕楚邱侯樊須益都侯公西赤鉅野侯有若平
陰侯巫馬期東阿侯陳亢南頓侯梁鱣千乘侯顔辛
陽穀侯冉孺臨沂侯冉季諸城侯伯虔沭陽侯公孫
龍枝江侯秦冉新息侯秦商鄄城侯漆雕哆濮陽侯
顔驕雷澤侯漆雕徒父高苑侯壤駟赤上邽侯林放

長山侯商澤鄒平侯石作蜀城紀侯任不齊當陽侯申棖文登侯公良孺牟平侯曹卹上蔡侯奚容蒧濟陽侯句井疆滏陽侯申黨淄川侯公祖句茲即墨侯榮期厭次侯縣成城武侯禮志作武城侯左人郢南華侯燕伋汧源侯鄭國朐山侯秦非華亭侯施之常臨濮侯顏噲濟陰侯步叔乘博昌侯顏之僕宛句侯蘧瑗內黃侯叔仲會博平侯顏何堂邑侯狄黑林慮侯邽巽高堂侯孔忠鄆城侯公西舉如臨朐侯公西蒧徐城侯琴張頓丘侯文獻通考四十三

又詔封元聖文宣王廟配饗左丘明瑕丘伯公羊高

臨淄伯穀梁赤龔邱伯伏勝乘氏伯高堂生萊蕪伯戴聖楚邱伯毛萇樂壽伯孔安國曲阜伯劉向彭城伯鄭衆中牟伯杜子春緱氏伯馬融扶風伯盧植良鄉伯鄭康成高密伯服虔滎陽伯賈逵岐陽伯何休任城伯王肅贈司空王弼封偃師伯杜預贈司徒范甯封鉅野伯命三司使兩制待制館閣官作贊同上詔文宣王廟木圭易以玉賜桓圭一加冕九旒服九章從上公之制玉海

春秋釋奠用中祀闕里文獻考

四年詔州城置孔子廟宋史本紀八

五年改謚元聖文宣王曰至聖文宣王同上以
天禧元年以文宣王四十六代孫光祿寺丞聖佑襲
封文宣公文獻通考四十三
仁宗至和二年封孔子後爲衍聖公同上四十四
神宗熙甯八年判國子監常秩等言宣聖神像舊用
冕服九旒七十二賢二十一先儒並用朝服檢會唐
開元中尊孔子爲文宣王內出王者袞冕之服以衣
之詳此則孔子之冕宜用天子之制十二旒七十二
賢二十一先儒各用本爵冕服下太常禮院詳定文
宣王冕仍用九旒顏子以下各依郡國縣公侯伯正

一品至正四品冠服制度同上

元豐六年封孟子爲鄒國公（宋史本紀十六）時京兆府學教授蔣夔請以顏回爲兗國公毋稱先師而進閔子騫九人亦在祀典禮官以孔子顏子稱號歷代各有據依難輒更改所請九人已在祀典熙甯祀儀十哲皆爲從祀惟州縣釋奠未載請自今三京及諸州春秋釋奠並準熙甯祀儀詔封孟軻鄒國公禮官請以孟子配食荀況揚雄韓愈並加封爵以世次先後從祀於左邱明二十一賢之閒自國子監及天下學廟皆塑鄒國公像冠服同兗國公仍繪荀

況等像冠服各從封爵詔如議荀況封蘭陵伯揚雄
封成都伯韓愈封昌黎伯令學士院撰贊文宋史禮志八
徽宗崇甯初封孔鯉爲泗水侯孔伋爲沂水侯又詔
王安石可配享孔子廟位於鄒國公之次同上
三年太常寺言國朝祀儀諸壇祠祭正位居中南面
配位在正位之東南西面若兩位亦爲一列以北爲
上其從祀之位又在其後今國子監顏子孟子配享
之位即與閔子騫等從祀之位同作一列雖坐次少
出而在文宣王帳座之後於配食之禮未正請改正
顏子而下從享位次爲圖頒示天下從之文獻通考四十四

詔文宣王殿以大成爲名宋史禮志八
大觀二年從通仕郎侯孟請繪子思像從祀於左丘
明二十四賢之間同上
四年詔先聖廟用戟二十四文宣王執鎮圭並如王
者之制文獻通考四十四
議禮局言史記弟子傳曰受業身通六藝者七十有
七人家語曰七十二弟子皆升堂入室者唐會要七
十七人而開元禮止七十二人又復去取不一本朝
議臣斷以七十三子之說取琴張等五人而去公夏
首等十人今以家語史記參定公夏首后處公肩定

顔祖鄅單罕父黑秦商原抗樂欬廉潔唐會要開元禮亦互見之皆有伯爵載於祀典請追贈侯爵使預祭享詔封公夏首鉅平侯后處膠東侯公肩定梁父侯顔祖富陽侯鄅單聊城侯罕父黑祈鄉侯通考作祁鄉秦商馮翊侯原抗樂平侯樂欬建成侯通考作建城廉潔胙城侯又詔改封曾參武城侯顓孫師穎川侯南宮縚汝陽侯司馬耕睢陽侯通考作雒陽琴張陽平侯左邱明中都伯穀梁赤睢陵伯通考作雒陵戴聖考城伯以所封犯先聖諱也宋史禮志八

政和三年詔封王安石爲舒王配享安石子雱臨川

伯從祀新儀成以孟春元日釋菜仲春仲秋上丁日
釋奠以顔回孟軻王安石配享殿上閔損冉耕冉雍
宰予端木賜並西向冉求仲由言偃卜商曾參並東
向東廡顓孫師以下至楊雄四十九人並西向西廡
林放以下至王雱四十八人並東向頒辟雍大成殿
名於諸路州學同上
欽宗靖康元年右諫議大夫楊時言王安石學術之
謬請追奪王爵明詔中外毀去配享之像使邪說淫
辭不爲學者之惑詔降安石從祀廟廷同上
高宗建炎十年復釋奠文宣王爲大祀其禮如社稷

州縣爲中祀用王普請也玉海

孝宗淳熙三年趙粹中請削去安石從祀同上四年罷臨川伯王雱從祀

洪邁言孟子配食與顏子並其師子思子思之師曾子皆在其下於禮儀實爲未安乞改正闕里文獻考

甯宗慶元元年仍定文宣王爲中祀闕里文獻考

理宗寶慶三年詔贈朱熹太師追封信國公旋改封徽國公續資治通鑑一百六十四

端平二年詔議胡瑶孫明復邵雍歐陽修周敦頤司馬光蘇軾張載程顥程頤等十八人從祀孔子廟廷升

孔伋十哲 宋史本紀四十二

淳祐元年詔朕惟孔子之道自孟軻後不得其傳至我朝周敦頤張載程顥程頤眞見實踐深探聖域千載絶學始有指歸中興以來又得朱熹精思明辨表裏渾融使大學論孟中庸之書本末洞徹孔子之道益以大明於世朕每觀五臣論著啓沃良多今視學有日其令學官列諸從祀以示崇獎之意尋以王安石謂天命不足畏祖宗不足法人言不足恤爲萬世罪人豈宜從祀孔子廟廷黜之封周敦頤爲汝南伯張載郿伯程顥河南伯程頤伊陽伯同上

景定二年春正月詔封張栻爲華陽伯呂祖謙開封伯從祀孔子廟廷宋史本紀四十五

度宗咸淳三年詔封曾參郕國公孔伋沂國公配享先聖封顓孫師陳國公升十哲位復以邵雍司馬光列從祀其序兗國公郕國公沂國公鄒國公居正位之東面西向北上爲配位黃氏日抄曰往歲顏孟配享並列於先聖左近升曾子子思又並列先聖左而虛其右不以相向震聞太學博士陸鵬升云初制顏孟配享左顏而右孟熙豐新經盛行以王安石爲聖人歿而躋之配享位顏子下故左則顏子及王安石右則孟子未幾安石壻蔡卞當國謂安石不宜在孟子下遷安石於右與顏子對而移孟子位第三次顏子之下遂左列顏孟而右列王安石又未幾蔡卞再欲升安石壓顏子漸次而升爲代先聖張本優人李氏以藝諫託爲公冶長以

剌卞乃止然顏孟左而安石右遂爲定制南渡後安
石罷配享宜遷孟子而對顏子如舊制議者失於討
論故安石既去其右遂虛而顏孟並列於左
後增曾子子思又並列於左亦未有討論者費公閔
損薛公冉雍黎公端木賜衞公仲由魏公卜商居殿
上東面西向北上鄆公冉耕齊公宰予徐公冉求吳
公言偃陳公顓孫師居殿上西南東向北上爲從祀
東廡金鄉侯澹臺滅明任城侯原憲汝陽侯南宫适
萊蕪侯曾點須昌侯商瞿平輿侯漆雕開雎陽侯司
馬耕平陰侯有若東阿侯巫馬施陽穀侯顏辛上蔡
侯曹卹枝江侯公孫龍馮翊侯秦祖雷澤侯顏高上
邽侯壤駟赤成邑侯石作蜀鉅平侯公夏首膠東侯

后處濟陽侯奚容蔵富陽侯顏祖滏陽侯句井疆鄄
城侯秦商即墨侯公祖句茲武城侯縣成汧源侯燕
伋宛句侯顏之僕建成侯樂欬堂邑侯顏何林慮侯
狄墨鄆城侯孔忠徐城侯公西蔵臨濮侯施之常華
亭侯秦非文登侯申棖濟陰侯顏噲泗水侯孔鯉蘭
陵伯荀況睢陵伯穀梁赤萊蕪伯高堂生樂壽伯毛
萇彭城伯劉向中牟伯鄭衆緱氏伯杜子春良鄉伯
盧植滎陽伯服虔司空王肅司徒杜預昌黎伯韓愈
河南伯程顥新安伯邵雍温國公司馬光華陽伯張
栻凡五十二人並西向西廡單父侯宓不齊高密侯

公冶長北海侯公皙哀曲阜侯顏無繇共城侯高柴
壽張侯公伯寮益都侯樊須鉅野侯公西赤千乘侯
梁鱣臨沂侯冉孺沭陽侯伯虔諸城侯冉季濮陽侯
漆雕哆高苑侯漆雕徒父鄒平侯商澤當陽侯任不
齊牟平侯公良孺新息侯秦冉梁父侯公肩定聊城
侯鄡單祁鄉侯罕父黑淄川侯申黨厭次侯榮旂南
華侯左人郢朐山侯鄭國樂平侯原亢胙城侯廉潔
博平侯叔仲會高堂侯邽巽臨朐侯公西輿如內黃
侯蘧瑗長山侯林放南頓侯陳亢陽平侯琴張博昌
侯步叔乘中都伯左邱明臨淄伯公羊高乘氏伯伏

勝考城伯戴聖曲阜伯孔安國成都伯揚雄岐陽伯賈逵扶風伯馬融高密伯鄭元任城伯何休偃師伯王弼新野伯范甯汝南伯周敦頤伊陽伯程頤郿伯張載徽國公朱熹開封伯呂祖謙凡五十二人並東向宋史志八

遼太祖神册三年詔建孔子廟遼史本紀一

金熙宗天會十五年立孔子廟於上京續文獻通考四十八

天眷三年以孔子四十九代孫璠襲封衍聖公金史本紀四

皇統元年上親祭孔子廟北面再拜同上

按歷代臨雍釋奠皆不録金則宅京於此遷都後

仍不録

世宗大定元年以顔歆從祀廟廷續文獻通考

十四年因國子監言參酌唐開元禮定擬釋奠儀數

樂用登歌遷孟子像於宣聖右與顔子相對金史禮志

是年加宣聖像十二旒十二章春明夢餘録二十一

二十年授衍聖公孔總曲阜令封爵如故金史本紀七

二十三年以尚書右丞張汝弼攝太尉致祭於至聖

文宣王廟金史本紀八

章宗明昌二年詔諸郡邑文宣王廟隳廢者復之金史

本紀九孔子廟門置下馬碑闕里志

承安二年親祀以親王攝亞終獻皇族陪祀文武羣臣助奠帝親爲贊文舊封公者升爲國公侯者爲國侯郕伯以下皆封侯續文獻通考四十八

泰和四年詔刺史州郡無宣聖廟學者並增修之金史本紀十二

五年三月諭有司進士名有犯孔子諱者避之仍著爲令續文獻通考四十八

元太宗五年詔以孔子五十一世孫元措襲封衍聖公十二月敕修孔子廟八年三月復修孔子廟元史本紀

二

三十一年成宗即位詔中外崇奉孔子又詔曲阜林廟上都大都諸路府州縣邑廟學書院贍學土地及貢士莊以供春秋二丁朔望祭祀修完廟宇自是天下郡邑廟學無不完葺釋奠悉如舊儀續文獻通考四十八

成宗大德初敕到任先謁先聖廟方許以次詣神廟闕里志

十一年武宗即位加封至聖文宣王爲大成至聖文宣王春秋二丁釋奠用太牢元史本紀二十二

仁宗皇慶二年以宋儒周敦頤程顥顥弟頤張載邵

雍司馬光朱熹張栻呂祖謙及故中書左丞許衡從祀孔子廟廷元史本紀二十四

延祐三年制封孟軻父爲邾國公母爲邾國宣獻夫人元史本紀二十五

詔春秋釋奠於先聖以顏子曾子子思孟子配享元史祭祀志五

六年追封周敦頤爲道國公又封蘧瑗爲內黃侯從祀孔子續文獻通考四十八

文宗至順元年加封孔子父齊國公叔梁紇爲啟聖王母魯國太夫人顏氏爲啟聖王夫人顏子兗國復

聖公曾子郕國宗聖公子思沂國述聖公孟子鄒國
亞聖公河南伯程顥豫國公伊陽伯程頤洛國公元史
本紀三十四
以董仲舒從祀孔子廟位列七十子之下同上
三年封孔子妻鄆國夫人亓官氏爲大成至聖文宣
王夫人追封顔子父無繇爲杞國公謚文裕母齊姜
氏杞國夫人謚端獻妻宋戴氏兖國夫人謚貞素元史
本紀三十六
順帝至正十九年杭州路照磨胡瑜請追錫楊時李
侗胡安國蔡沈眞德秀五人名爵從祀先聖廟廷元史

祭祀志六

二十二年禮部定擬五先生封爵謚號俱贈太師楊時追封吳國公李侗追封越國公胡安國追封楚國公蔡沈追封建國公眞德秀追封福國公又追謚朱熹父松爲獻靖改封熹爲齊國公同上

明太祖洪武三年詔革諸神封號惟孔子封爵仍舊明史禮志四

五年罷孟子配享踰年帝曰我聞孟子辨異端闢邪說發明孔子之道宜配享如故同上

釋奠孔子初用大成舊樂六年始命詹同樂韶鳳等

更製樂章明史樂志一
七年仲春上丁日食改用仲丁明會典九十一
十五年詔天下通祀孔子并頒釋奠儀注凡府州縣學籩豆以八器物牲牢皆殺於國學其祭各以正官行之明史禮志四
是年孔子以下去塑像易木主闕里志
十七年敕每月朔望祭酒以下行釋菜禮郡縣長吏以下詣學行香明史禮志四
十八年詔曰孟子傳道有功名教歷年既久子孫甚微近有以罪輸作者豈禮先賢之意哉其加意詢訪

凡聖賢後裔輸作者皆免之明史本紀三

二十年罷武成廟獨尊孔子春明夢餘錄二十武成廟謂太公

二十六年頒大成樂於天下明史禮志四

二十八年以行人司副楊砥言罷漢揚雄從祀益以董仲舒同上

成祖永樂八年正文廟聖賢繪塑衣冠令合古制明會典九十一

宣宗宣德三年以萬縣訓導李譯言命禮部考正從祀先賢名位頒示天下明史禮志四

英宗正統元年詔免凡聖賢子孫差役選周程張朱

諸儒子孫聰明俊秀可教養者不拘名數送所在儒學讀書仍給廩餼闕里文獻考

二年以宋儒胡安國蔡沈眞德秀從祀明史本紀十

三年禁天下祀孔子於釋老宮明史禮志四

八年慈利教諭蔣明請祀元儒吳澄大學士楊士奇等言當從祀從之同上封澄爲臨川郡公明會典九十一

景帝景泰三年令顏子孟子嫡孫世爲五經博士闕里志

六年授先儒程頤裔孫克仁朱熹裔孫梴世襲翰林院五經博士明史職官志二

七年授先儒周敦頤裔孫冕世襲翰林院五經博士同上
憲宗成化二年追封董仲舒廣川伯胡安國建甯伯蔡沈崇安伯眞德秀浦城伯明史禮志四
十二年從祭酒周洪謨言增樂舞爲八佾籩豆各十二同上
十六年命所在過孔門者皆下馬闕里文獻考
孝宗宏治八年封宋儒楊時爲將樂伯從祀孔子廟廷位司馬光之次明史本紀十五禮志四
九年增樂舞爲七十二人如天子之制明史禮志四

武宗正德元年授孔子五十九世孫彥繩世襲翰林院五經博士主衢州廟祀明史職官志二

二年授孔聞禮世襲翰林院五經博士奉子思廟祀同上

世宗嘉靖二年授先儒朱熹裔孫墅世襲翰林院五經博士主婺源廟祀同上

九年大學士張璁言先師祀典有當更正者叔梁紇乃孔子之父顏路曾皙孔鯉乃顏曾子思之父三子配享廟廷紇及諸父從祀兩廡原聖賢之心豈安請於大成殿後別立室祀叔梁紇而以顏路曾皙孔鯉

配之帝以爲然因言聖人尊天與尊親同今籩豆十
二牲用犢全用祀天儀亦非正禮其謚號章服悉宜
改正璁緣帝意言孔子宜稱先聖先師不稱王祀宇
宜稱廟不稱殿祀宜用木主其塑像宜毀籩豆用十
樂用六佾配位公侯伯之號宜削止稱先賢先儒其
從祀申黨公伯寮秦冉等十二人宜罷林放蘧瑗等
六人宜各祀於其鄉后蒼王通歐陽修胡瑗蔡元定
宜從祀帝命禮部會翰林諸臣議於是議人以聖人
爲至聖人以孔子爲至宋眞宗稱孔子爲至聖其意
已備今宜於孔子神位題至聖先師孔子去其王號

及大成文宣之稱改大成殿爲先師廟大成門爲廟門其四配稱復聖顔子宗聖曾子述聖子思子亞聖孟子十哲以下凡及門弟子皆稱先賢某子左邱明以下皆稱先儒某子不復稱公侯伯遵聖祖首定南京國子監規制製木爲神主仍擬大小尺寸著爲定式其塑像即令屏撤春秋祭祀遵國初舊制十籩十豆天下各學八籩八豆樂舞止六佾凡學別立一祠中叔梁紇題啟聖公孔氏神位以顔無繇曾點孔鯉孟孫氏配俱稱先賢某氏至從祀之賢不可不考其得失申黨即申棖薔去其一公伯寮秦冉顔何荀況

戴聖劉向賈逵馬融何休王肅王弼杜預吳澄罷祀
林放蘧瑗盧植鄭眾鄭康成服虔范甯各祀於其鄉
后蒼王通歐陽修胡瑗議增入命悉如議行又以行
人薛瑄議進陸九淵從祀明年國子監建啟聖公祠
成從尚書李時言春秋祭祀與文廟同日籩豆牲帛
視四配東西配位視十哲從祀先儒程珦朱松蔡元
定視兩廡輔臣代祭文廟則祭酒祭啟聖祠南京祭
酒於文廟司業於啟聖祠遂定制殿中先師南向四
配東西向稍後十哲閔子損冉子雍端木子賜仲子
由卜子商西向冉子耕宰子予冉子求言子偃顓孫

子師東向兩廡從祀先賢澹臺滅明宓不齊原憲公冶長南宮适高柴漆雕開樊須司馬耕公西赤有若琴張申棖陳亢巫馬施梁鱣公晳哀商瞿冉孺顏辛伯虔曹卹冉季公孫龍漆雕哆秦商漆雕徒父顏高商澤壤駟赤任不齊石作蜀公良孺公夏首公肩定后處鄡單奚容蒧罕父黑顏祖榮旂秦祖左人郢句井疆鄭國公祖句茲原亢縣成廉潔燕伋叔仲噲顏之僕邽巽樂欬公西輿如狄黑孔忠公西蒧步叔乘施之常秦非顏噲先儒左邱明公羊高穀梁赤伏勝高堂生孔安國毛萇董仲舒后蒼杜子春王通韓愈

胡瑗周敦頤程顥歐陽修邵雍張載司馬光程頤楊時胡安國朱熹張栻陸九淵呂祖謙蔡沈眞德秀許衡凡九十一人明史禮志二

十八年授曾子六十代孫質粹世襲翰林院五經博士明史職官志二

穆宗隆慶五年以薛瑄從祀明史禮志四

神宗萬歷十二年以陳獻章胡居仁王守仁從祀同上

二十三年以宋周敦頤父輔成從祀啟聖祠同上

四十一年提學僉事熊尚文議祀宋儒羅從彥李侗禮部覆准將二賢列宋儒楊時之下入廟從祀詔從

續文獻通考四十八

之四十四年巡按山東御史畢懋康疏奏子思之不稱孔子避先聖也今西廡如忠如安國俱稱孔子不幾冒先聖之稱乎啟忠爲先賢子蔑子安國爲先儒子國子皆以字行似爲妥當孟廡從祀有季孫子叔疑因趙岐注二子皆孟子門人故誤與從祀之列今既遵紫陽解則其爲引言而非門人明甚况所謂季孫子叔疑恐亦當時執政之儔且不知其爲人祀之門牆甚無謂也盆成括亦非孟子門人此三人者似當依公伯寮秦冉之例罷之嘉靖時孔門弟子及諸從

祀者並罷封爵乃孟子廟主尙稱鄒國亞聖公樂正子以下稱侯伯非所以一王制而妥神靈請倣孔廟近例改其稱號疏入雖得報聞然竟不果行闕里文獻考

熹宗天啟二年以先儒張載裔孫文運世襲五經博士明史職官志二

三年以河南巡按吳甡言以邵雍後世襲五經博士闕里文獻考

莊烈帝崇禎十四年諭曰朕覽聖祖命儒臣纂輯五經四書大全其中作述傳註引證等項惟宋儒周子兩程子朱子張子邵子爲多可見理學大明於宋而

周程諸子大有功於聖門然與周秦漢唐諸儒並稱
先儒竊爲不安部議周程六子宜稱先賢並請漢儒
董仲舒隋儒王通俱稱先賢春明夢餘錄二十一
十五年以左邱明親受經於聖人改稱先賢并改宋
儒周二程張朱邵六子亦稱先賢位七十子下漢唐
諸儒之上然僅國學更置之闕里廟廷及天下學宫
未遑頒行也明史禮志四
十六年詔以仲子後世襲五經博士闕里文獻考

吉林通志卷四十五

學校志二 祀典下

國朝

太宗文皇帝崇德元年

遣官祭孔子廟

世祖章皇帝順治元年以至聖六十五代孫孔允植襲封衍聖公孔顏曾孟仲子裔襲五經博士

二年

諭禮部孔廟謚號加稱大成至聖文宣先師孔子

十二年以江南婺源縣朱子裔襲五經博士

欽頒釋奠樂章六奏用平字舞用六佾三獻均進文德之舞

十三年

十四年給事中張文光言聖至孔子贊美難以形容只日至聖則無所不該曰先師則名正而實稱順治初年仍元舊謚而不稱王爵追王固屬誣聖即加大成文宣四字亦不足以盡孔子宜改主爲至聖先師孔子

詔從之

聖祖仁皇帝康熙九年以宋賢程子裔襲五經博士

十九年以程氏二子不應止襲一人特增五經博士

一員令各以其嫡子孫爲之
諭內閣曰至聖之德與天地日月同其高明廣大無可指稱朕向來研求經義體思至道欲加贊頌莫能名言特書萬世師表四字懸額殿中非云闡揚聖教亦以垂示將來
二十四年頒
御書額於太學及天下文廟以宋賢周子裔襲五經博士
二十五年
諭大學士等曰先賢先儒從祀位次應視其道德爲先後不可援師弟爲定例其酌議奏聞
二十六年以宋賢張子裔襲五經博士

二十八年頒

御書贊於天下學

御製至聖先師孔子贊序曰蓋自三才建而天地不居其功一中傳而聖人代宣其藴有行道之聖得位以綏猷有明道之聖立言以垂憲此正學所以常明人心所以不泯也粤稽往緒仰溯前徽堯舜禹湯文武達而在上兼君師之寄行道之聖人也孔子不得位窮而在下秉删述之權明道之聖人也行道者勳業炳於一朝明道者教思周於百世堯舜文武之後不有孔子則學術紛淆仁義湮塞斯道之失傳也久矣後之人而欲探二帝三王之心法以爲治

國平天下之準其奚所取衷焉然則孔子之爲萬古一人也審矣朕巡省東國謁祀闕里景企滋深敬擠筆而爲之贊曰清濁有氣剛柔有質聖人參之人極以立行著習察舍道莫由惟皇建極惟后綏猷作君作師垂統萬古曰惟堯舜禹湯文武五百餘歲至聖挺生聲金振玉集厥大成序書刪詩定禮正樂旣窮象繫亦嚴筆削上紹往緒下示來型道不終晦秩然大經百家紛紜殊途異趣日月無踰羹牆可晤孔子之道惟中與庸此心此理千聖所同孔子之德仁義中正秉彝之好根本天性庶幾夙夜勖哉令圖溯源洙泗景躅唐虞載歷庭除式觀禮器濡毫仰贊心焉

遐企百世而上以聖爲歸百世而下以聖爲師非師夫子
惟師於道統天御世惟道爲寶泰山巖巖東海泱泱牆高
萬仞夫子之堂孰窺其藩孰窺其徑道不遠人克念作聖
御製復聖顏子贊曰聖道早聞天資獨粹約禮博文不遷不
貳一善服膺萬德來萃能化而齊其樂一致禮樂四代治
法兼備用行舍藏王佐之器
宗聖曾子贊曰洙泗之傳魯以得之一貫曰唯聖學在茲
明德新民止善爲期格致誠正均平以推至德要道百行
所基纂承統緒修明訓辭
述聖子思子贊曰於穆天命道之大原靜養動察庸德庸

言以育萬物以贊乾坤九經三重大法是存篤恭慎獨成

德之門卷之藏密擴之無垠

亞聖孟子贊曰哲人既萎楊墨昌熾子輿闢之曰仁曰義

性善獨闡知言養氣道稱堯舜學屏功利煌煌七篇並垂

六藝孔學攸傳禹功作配

三十八年以先賢閔子端木子裔襲五經博士

四十一年以宋賢邵子裔襲五經博士

五十一年

諭內閣曰朕自沖齡篤好讀書諸書無不覽誦每見歷代文

士著述即一字一句於義理稍有未安者輒爲後人指摘

惟宋儒朱子註釋羣經闡發道理凡所著作及編纂之書皆明白精確歸於大中至正經今五百餘年知學之人無敢疵議朕以爲孔孟之後有裨斯文者朱子之功最爲宏鉅應作何崇禮表彰時廷臣遵議以朱子升配大成殿東序位次先賢卜子下爲十一哲

詔從之以先賢言子裔襲五經博士

五十四年以宋臣范仲淹從祀列西廡韓愈之次從江南學政余正健之請也

五十九年以先賢卜子裔襲五經博士從山東巡撫李樹德之請也

世宗憲皇帝雍正元年
諭內閣禮部曰至聖先師孔子道冠古今德參天地樹百王之模範立萬世之宗師其爲功於天下者至矣而水源木本積厚流光有開必先克昌厥後則聖人之祖考宜膺崇厚之褒封所以追溯前徽不忘所自也粵稽舊制孔子之父叔梁公宋眞宗時追封啟聖公自宋以後歷代遵循而叔梁公以上則向來未加封號亦未奉祀祠庭朕仰體
皇考崇儒重道之盛心敬修崇德報功之典禮意欲追封五代並享烝嘗用申景仰之誠庶慰羹牆之慕時廷臣以孔子先世五代應封公爵議上又

諭禮部曰五倫爲百行之本天地君親師人所宜重而天地
君親之義又賴師教以明自古師道無過於孔子誠首出
之聖也我
皇考崇儒重道超軼千古凡尊崇孔子典禮無不備至朕蒙
皇考教育自㓜讀書心切景仰欲再加尊崇更無可增之處
故敕部追封孔子先世五代今部議封公上考歷代帝王
皆有尊崇之典唐明皇封孔子爲文宣王宋眞宗加封至
聖文宣王封孔子父叔梁紇爲齊國公元加封孔子爲大
成至聖文宣王加封齊國公爲啟聖王至明嘉靖時猶以
王係臣爵改稱爲至聖先師孔子改啟聖王爲啟聖公王

公雖同屬尊稱朕意以爲王爵較尊孔子先世應否封王之處著詢問諸大臣具奏廷臣遵議孔子五世俱封王爵有
旨封木金父公爲肇聖王祈父公爲裕聖王防叔公爲詒聖王伯夏公爲昌聖王叔梁公爲啓聖王更名啓聖祠爲崇聖祠
二年頒
御書生民未有額於太學闕里及天下文廟
諭禮部等衙門曰治天下之要以崇師重道廣勵澤宮爲先務朕親詣太學釋奠先師禮畢進諸生於彝倫堂講經論

學凡以明道術崇化源非徒飾圜橋之觀聽也惟孔子道
高德厚萬世奉爲師表其祔享廟廷諸賢皆有羽翼聖經
扶持名教之功然歷朝進退不一而賢儒代不乏人或有
先罷而今宜復舊缺而今宜增其從祀崇聖祠諸賢周程
朱蔡外孰應升堂祔享者並先賢先儒之後孰當增置五
經博士以昭崇報均關大典九卿翰林國子監詹事科道
會同詳考定議以聞廷臣集議蘧瑗林放秦冉顏何戴聖
何休鄭康成鄭衆盧植服虔范甯十一人應復祀樂
正克公都子萬章公孫丑諸葛亮陸贄韓琦尹焞黃
榦陳湑何基王柏金履祥許謙陳澔羅欽順蔡清陸

隴其十八人應增祀張載之父迪應增祀崇聖祠伯牛仲弓冉有宰我子張有若六人應增置五經博士

諭九卿等曰先儒從祀文廟關係學術人心典至重也宜增宜復必詳加考證折衷盡善庶使萬世遵守永無異議爾等所議復祀諸儒雖皆有功經學然戴聖何休未爲純儒鄭衆盧植服虔范甯謹守一家言轉相傳述視鄭康成之醕質深通似乎有閒至若唐之陸贄宋之韓琦勳業昭垂史册自是千古名臣然於孔孟心傳果有授受而能表彰羽翼乎其他諸儒是否允協以及宰予冉有增置博士之處著再確議務期至當不易廷臣再議戴聖何休鄭衆盧

植服虔無庸復祀陸贄韓琦無庸增祀宰予冉有無庸增置博士餘如前議又請將縣亶牧皮魏了翁趙復一並增祀復

諭禮部等衙門曰朕念先賢先儒扶持名教羽翼聖經有關學術人心爰命九卿詳議今諸臣參考周詳評論公正甚合朕心著依議行於是增祀縣亶牧皮樂正克公都子萬章公孫丑諸葛亮尹焞黃榦陳淳魏了翁何基王柏陳澔趙復金履祥許謙蔡清羅欽順陸隴其等二十人復祀蘧瑗林放秦冉顏何鄭康成范甯等六人以先賢仲弓伯牛子張有若四人後裔襲五經博士又

以先賢先儒位次闕里及直省各學俱以時代爲序
惟國子監向分先賢先儒因通行直省悉依國子監
序列
三年
諭內閣九卿曰古有諱名之禮所以昭誠敬致尊崇也孔子
德高千古道冠百王正彝倫端風化爲往聖繼絕學爲萬
世開太平自天子以至於庶人皆受師資之益而直省郡
邑之名有聖諱字在內者今古相沿未改朕心深爲不安
爾等會議凡直省地名有同聖諱者或改讀某音或另易
他字至於常用之際於此字作何迴避一併詳議具奏廷

臣議

圜丘字應如故府州縣名山川鎮市應更易按通考太公之

後以食采謝邱得姓凡遇姓氏今擬作邱常用宜從

古體作丠又

諭禮部等衙門曰朕細思今文出於古文若改用丠字是仍

未嘗迴避也此字本有期音查毛詩及古文作期音者甚

多嗣後如四書五經外凡遇此字並加阝為邱地名亦不

必改易但加阝旁讀作期音庶乎允協足副朕尊崇先師

至聖之意是年

命州縣丁祭用太牢

五年二月

諭內閣曰三月十八日爲
皇考聖祖仁皇帝萬壽聖節舊例於是日虔誠敬肅禁止屠
宰今應永遠遵行至聖先師孔子師表萬世八月二十七
日爲聖誕之期亦應虔肅致敬朕惟
君師功德恩被億載普天率土尊親之戴永永不忘而於
誕日尤當加謹以展恪恭思慕之忱非以佛誕爲比擬也
著內閣九卿會同確議僉曰應遵
聖諭恭值至聖誕辰內外文武各官及軍民人等致齋一日
不理刑名禁止屠宰永著爲令又定制省會之區凡

遇丁祭督撫學政皆親詣行禮毋得先行祭丙苟簡
從事又
諭禮部曰朕惟孔子以天縱之至德集羣聖之大成堯舜禹
湯文武相傳之道具於經籍者賴孔子纂述修明之而魯
論一書尤切於人生日用之實使萬世之倫紀以明萬世
之名分以辨萬世之人心以正風俗以端若無孔子之教
則人將忽於天秩天敘之經昧於民彝物則之理勢必以
小加大以少陵長以賤妨貴尊卑倒置上下無等干名犯
分越禮悖義所謂君不君臣不臣父不父子不子雖有粟
吾得而食諸其爲世道人心之害尚可勝言哉惟有孔子

之教歷世愈久其道彌彰統智愚賢不肖之儔無有能越其範圍者綱維既立而人無踰閑蕩檢之事在君上尤受其益易曰君子以辨上下定民志禮運曰禮達而分定使非孔子立教垂訓則上下何以辨禮制何以達此孔子所以治萬世之天下而爲生民以來所未有也使爲君者不知尊崇孔子亦何以建極於上而表正萬邦乎人第知孔子之教在明倫紀辨名分正人心端風俗亦知倫紀既明名分既辨人心既正風俗既端而受其益者之尤在君上也哉朕故表而出之以見孔子之道之大而孔子之功之隆也

十一年夏六月

諭內閣曰國家祀典最宜慎重至於文廟春秋祭儀尤宜備物盡誠以申敬禮聞外省州縣中有因除荒而裁減祭祀公費者朕思銀數若少難於措辦或致祭品簡略或恐派累民間二者均未可定著各省督撫查明所屬若有除荒減費之州縣即於存公銀內撥補以足原額務令粢盛豐潔以展朕肅將禋祀之誠

高宗純皇帝乾隆元年復元儒吳澄從祀從兵部尚書甘汝來之請也以唐儒韓愈裔孫襲五經博士從河南巡撫尹會一之請也

三年頒
御書與天地參額於太學闕里及天下文廟又頒
御製聯曰齊家治國平天下信斯言也布在方策率性修道
致中和得其門者譬之宮牆是年尚書徐元夢言孔子偶
思與難之賢記者誌之因號十哲宋代升配子張
本朝又躋朱子是十哲名數並非其舊似無可拘有子
氣象大似聖人諸弟子嘗欲以事孔子者事之有子
宜升哲位時元夢並欲退冉有宰我從祀兩廡而升
南宮适子賤於堂上大學士鄂爾泰等議以冉宰兩
賢聖門高弟侑饗千秋豈容輕議惟有子爲游夏諸

賢所服孟子亦稱其智足知聖從前未躋十哲似爲
闕典應如所請南宫适子賤升哲之説似不可從
上允其議於是以先賢有子升哲位列東序卜子之次移朱
子神位於西序顓孫子之次爲十二哲
六年
命定祭先師廟樂律
十三年
御製四賢贊序曰聖門弟子三千其賢者七十有二人史記
家語各爲紀其姓氏考其事迹以垂之後世而能契夫子
之心傳得道統之正脉者則惟顔曾思孟四人顔子得克

已復禮之說曾子與聞一貫之傳親炙一堂若堯舜禹之相授受夐乎尚矣子思師事曾子發明中庸之道而歸其功於爲已謹獨孟子當戰國橫流之時私淑子思距楊墨閑聖道而養氣之論爲前聖所未發昌黎韓子以爲其功不在禹下有以也庚戌秋偶閱有宋諸儒傳因思宋儒所宗者孔子之道也孔子之道賴顏曾思孟而傳今聖廟祀典四子升配堂上爲百代之楷模因各係以贊用誌景行之私云爾

復聖贊曰貧也者吾不知其所惡壽也者吾不知其所慕德以潤身孰謂其貧心以傳道孰謂難老簞瓢陋巷至樂

不移仰高鑽堅三月無違夫子有言克己成性用致其功
允成復聖
宗聖贊曰宣聖轍環在陳興歎孰是中行授茲一貫曾子
孜孜惟聖依歸唯而不疑以魯得之會友輔仁任重道遠
十傳釋經超商軼偃念彼孔子沂水春風淵源益粹篤實
春容臨深履薄得正以終三千雖多獨得其宗
述聖贊曰天地儲精川嶽萃靈是生仲尼玉振金聲世德
作求孝孫維則師曾傳孟誠身是力眷茲後學示我中庸
位天育物致和致中夫子道法堯舜文武紹乃家聲述乃
文祖

亞聖贊曰戰國春秋又異其世陷溺人心豈惟功利時君爭雄處士橫議爲我兼愛貧鼓樹幟魯連高風陳仲廉士所謂英賢不過若是於此有人入孝出弟一髮千鈞道脈永繫能不動心知言養氣治世之略堯舜仁義愛君澤民惓惓餘意欲入孔門非孟何自孟丁其難顔丁其易語默故殊道無二致卓哉亞聖功在天地

十八年

命廷臣考據史傳於先賢先儒分别之中復按年序次廷臣議先賢位次蘧瑗東　林放西　澹臺滅明東　宓不齊西

原憲東　公冶長西　南宮适東　公晳哀西　商瞿東　高柴

西 漆雕開 東 樊須 西 司馬耕 東 商澤 西 梁鱣 東 巫馬
施 西 冉孺 東 顏辛 西 伯虔 東 曹卹 西 冉季 東 公孫龍
西 漆雕徒父 東 秦商 西 漆雕哆 東 顏高 西 公西赤 東
壤駟赤 西 任不齊 東 石作蜀 西 公良孺 東 公夏首 西
公肩定 東 后處 西 鄡單 東 奚容蒧 西 罕父黑 東 顏祖
西 榮旂 東 句井疆 西 左人郢 東 秦祖 西 鄭國 東 縣成
西 原亢 東 公祖句茲 西 廉潔 東 燕伋 西 叔仲會 東 樂
欬 西 公西輿如 東 狄黑 西 邽巽 東 孔忠 西 陳亢 東 公
西蒧 西 琴張 東 顏之僕 西 步叔乘 東 施之常 西 秦非
東 申棖 西 顏噲 東 左邱明 西 顏何 東 秦冉 西 縣亶 東

牧皮西　樂正克東　公都子西　萬章東　公孫丑西　周敦
頤東　張載西　程顥東　程頤西　邵雍東　凡七十七人先
儒位次公羊高東　穀梁赤西　伏勝東　高堂生西　董仲
舒東　孔安國西　后蒼東　毛萇西　杜子春東　鄭康成西
諸葛亮東　范甯西　王通東　韓愈西　范仲淹東　胡瑗西
歐陽修東　司馬光西　楊時東　尹焞西　羅從彥東　胡安
國西　李侗東　張栻西　呂祖謙東　陸九淵西　蔡沈東　黄
幹西　陳淳東　眞德秀西　魏了翁東　何基西　王柏東　陳
澔西　趙復東　金履祥西　許謙東　許衡西　吳澄東　薛瑄
西　胡居仁東　陳獻章西　王守仁東　蔡清西　羅欽順東

陸隴其

西凡四十六人奏上得

旨允行

二十九年監臣言先賢哲位配饗殿上者例不書名

所以別於兩廡從祀賢儒也有子升哲位未經更正

請改稱有子而不書名得

旨允行

仁宗睿皇帝嘉慶元年

御書聖集大成額於太學闕里及天下文廟

七年山東巡撫和甯請以漢儒伏勝裔襲五經博士

禮部擬准得

旨允行
宣宗成皇帝道光元年
御書聖協時中額於太學闕里及天下文廟
二年御史馬步蟾請以明儒劉宗周從祀禮部擬准
諭內閣曰明臣劉宗周植品莅官致命遂志實爲明季完人
其講學論心著書立說粹然一出於正洵能倡明正學扶
持名教劉宗周著從祀文廟西廡列於明臣蔡清之次
三年通政司參議盧浙請以湯斌從祀禮部擬准
諭內閣曰原任尙書湯斌學術精醕順治年間有
旨褒其品行清端康熙年間有

旨稱其老成端謹至其政績卓著則禁侈靡興教化舉善懲
貪興利除弊官嶺北時擒獲巨寇以靖地方巡撫江蘇時
毀不經之祀化鬬很之風奏豁民欠議減賦額還京之日
部民送者十餘萬人其他奏議忠言讜論剴切詳明正色
立朝始終一節所學主於堅苦自持事事講求實用著書
立說深醕篤實中正和平洵足倡明正學遠契心傳湯斌
著從祀文廟東廡列於明臣羅欽順之次
五年閩浙總督趙慎畛請以明儒黃道周從祀禮部
擬准其從祀文廟東廡列羅欽順之次得
旨允行

六年河南巡撫程祖洛請以明儒呂坤從祀禮部擬准其從祀文廟西廡列蔡清之次御史吳傑請以唐臣陸贄從祀禮部擬准其從祀文廟東廡列王通之次均得

旨允行

八年御史張志廉請以孫奇逢從祀禮部擬准

諭內閣曰孫奇逢學術中正醕篤力行孝弟其講學著書以慎獨存誠實足扶持名教不愧先儒近年節經降旨將原任尚書湯斌及明臣劉宗周黃道周呂坤唐臣陸贄從祀東西兩廡孫奇逢亦著從祀文廟西廡列於明臣呂坤之

文

十六年

諭內閣曰汪振基奏明徵祀典以崇正學一摺據稱山西省壽陽縣及遼州甯武府等處均有三教廟至聖先師孔子與佛老同廟供奉積習相沿與祀典不符著申啟賢通飭各屬即行更正無得同廟供奉各直省如有似此同廟供奉之處著各該督撫轉飭各州縣一律更正以崇正學而昭定制

二十三年江西巡撫吳文鎔請以宋臣文天祥從祀

禮部擬准其從祀文廟西廡列何基之次得

旨允行
二十九年河南巡撫潘鐸請以宋儒謝良佐從祀禮
部擬准其從祀文廟東廡列楊時之次得
旨允行
文宗顯皇帝咸豐元年
御書德齊幬載額於太學闕里及天下文廟福建巡撫徐繼
畬請以宋臣李綱從祀禮部擬准其從祀文廟西廡
列胡安國之次得
旨允行
二年河南巡撫李僡請以宋臣韓琦從祀禮部擬准

得
旨著照該部所議從祀文廟東廡列先儒陸贄之次
三年山東巡撫李僡請以先賢公明儀從祀禮部擬
准其從祀文廟東廡列縣亶之次得
旨允行
七年河南學政俞樾請以先賢公孫僑從祀以聖兄
孟皮配享崇聖祠禮部議公孫僑擬准其從祀文廟
西廡列林放之上孟皮擬准其配享崇聖祠列顏無
繇之上得
旨允行

九年江蘇巡撫趙德轍請以宋臣陸秀夫從祀禮部
擬准得
旨著照該部所議從祀文廟位在文天祥之次
十年河南巡撫瑛棨請以明儒曹端從祀禮部擬准
其從祀文廟西廡列胡居仁之上
諭大學士軍機大臣另行妥議具奏並酌定以後從祀章程
不可漫無限制若定例原有專條即不必酌定章程遵例
行不准援案大學士等議曹端應准其從祀至從祀章程
例無明條應以闡明聖學傳授道統爲斷請嗣後除
著書立說羽翼經傳實能躬行實踐者准各該省督

撫臚列事實奏請從祀外其餘忠義激烈者入祀昭忠祠言行端方者入祀鄉賢祠以道事君澤及民庶者入祀名宦祠概不得濫請從祀文廟其名臣賢輔已經配饗歷代帝王廟者亦毋庸再請從祀文廟以示區別並請纂入禮部則例永遠遵行得

旨允行

穆宗毅皇帝同治元年

御書聖神天縱額於太學闕里及天下文廟

二年御史劉慶奏請補祀魯人毛亨河間顏芝增祀明臣呂柟楊繼盛復祀漢儒劉向鄭衆盧植禮部議

毛亨擬准其從祀文廟東廡列伏勝之次呂相擬准
其從祀文廟西廡列蔡清之次餘俱議駁得
旨允行御史劉毓楠奏祔祀兩廡新章尙未允協請
飭大學士軍機大臣再行核議
諭內閣曰先儒升祔學宮入經
列聖論定至爲精當咸豐十年
文宗顯皇帝飭令酌定章程以示限制原以宮牆巍峻祀典
至崇必其學術精純足爲師表者方可俎豆馨香用昭勿
替茲據該御史以新定之章過嚴如宋儒黃震等均經禮
部議駁謂士人皆以聖賢爲難幾必至人心風俗日流於

奇衺異端而不及覺推該御史之意必將舉古人之聚徒
講學著有性理等書者悉登諸兩廡之列方足以資興起
而德行之儒平日躬行實踐師法聖賢實爲身後從祀之
計議論殊屬迂謬所奏著毋庸議給事中王憲成請以明
儒方孝孺從祀並言各直省府廳州縣兩廡先賢先
儒位次每多淩躐有奏
旨准從祀者神牌尚未敬製入廟請
飭迅即製造供奉
諭禮部議奏並
命將祀典次序繪圖頒發各直省督撫學政轉飭府廳州縣

等官遵照辦理其神牌未經製造入廟者迅即製造供奉
禮部議方孝孺擬准其從祀祀典次序謹遵乾隆十
八年之例按年序次繪圖頒發並聲明從祀定例以
示限制得
旨允行
七年浙江巡撫馬新貽請以宋儒袁燮從祀大學士
九卿會同禮部議奏擬准其從祀列於西廡呂祖謙
之次得
旨允行
十年浙江學政徐樹銘等請以先儒張履祥從祀大

學士九卿會同禮部議奏擬准其從祀列於東廡孫
奇逢之次得
旨允行
皇上光緒元年江蘇巡撫張樹聲請以陸世儀從祀禮部
議准其從祀位在西廡黃道周之次得
旨允行
二年國子監司業汪鳴鑾請以漢儒許慎從祀禮部
議奏准如所請位在東廡后蒼之次得
旨允行
三年河南學政費延釐請以漢河間獻王劉德從祀

內閣禮部等衙門會奏擬如所請位在西廡董仲舒之次得
旨允行
四年河南學政費延釐請以原任禮部尚書張伯行從祀內閣禮部等衙門會奏准其從祀位在陸隴其之次得
旨允得
五年浙江巡撫梅啟照請以宋儒輔廣從祀內閣禮部等衙門會奏擬如所請位在西廡黃榦之次得
旨允行

十八年

諭内閣禮部等衙門議覆福建學政沈源深奏請以宋儒游酢從祀游酢清德重望在當時已與程朱諸賢爲人心所共推重所著各書足以闡明聖學羽翼經傳生平史傳昭垂允爲躬行實踐著從祀文廟在西廡楊時之次

吉林通志卷四十六

學校志三 學宮

吉林府學在城內東南隅吉林外紀乾隆元年秋七月
詔建新設永吉州文廟九朝東華錄七年知州魏士敏始從事焉規制略備三十年同知圖善卽廟內東南隅起奎星樓兼修櫺星門三楹五十五年災廟學俱燬惟奎星樓存將軍琳甯奏請修葺殿廡門堂復具嘉慶十一年齋房又燬十四年奉天學政奏請
頒內板經籍於各學將軍秀林副都統達祿同知富元學政孫鉽自捐建尊經閣於齋房故址庋焉廟中大成殿

三楹恭懸

聖祖御書萬世師表扁額

仁宗御書聖集大成扁額東西兩廡各三楹直其前爲大成門又前爲泮池池北東角門曰聖域西曰賢關池南曰櫺星門門外左右下馬坊各一其南照壁一座明倫堂三楹在廟之西西廡三楹爲齋房東向後改爲尊經閣吉林外紀六道光十八年紳士修葺之咸豐九年舉人慶福貢生侯鎮藩倡捐重修泮池改修石橋有託同治十年另建明倫堂三楹甎儀門一座並修大門光緒九年署府教授解延慶改建兩廡各五楹十

九年巡道訥欽重修添建祭器樂器二庫泮池擴而大之加高照壁並於廟內建名宦鄉賢節孝三祠各三楹自爲記冊報

崇聖祠三楹在大成殿後冊報

記曰歲辛卯訥欽奉

天子命分巡是邦月朔以故事詣學宮行禮禮畢退瞻殿廡也陋牆垣也卑且陊剝也久問禮器樂器則曰亡之敬而念釋菜之典之不可若是焉修也其擴而新之乎絀於費不果越癸巳乃黽勉從事禮之器豆籩之屬樂之器鐘磬之屬亦如儀又增建名宦鄉賢節

孝三祠既竣屬學官進都人士告曰聖人知能無間
愚夫愚婦加籍黌宫有不知求乎子求乎臣求乎弟
以逮朋友者乎惟是肇舉三祠竊有説焉是邦故神
皋近則逼處鄰封爲筦鑰所在名宦祠之建以甄政
績鄉賢祠之建以樹坊表節孝祠之建以維風化夫
天下之亂多兆於民而成於官外患猶後誠使職無
曠而俗善
國家左契右劵操靈長矣宜乎正百官以清問下民兢
兢於
天子而訥欽承

命隕越之愆尤不能無懼若乃聖人不遠人以爲道下學而上達都人士宜自勖於匡居矧二仲觀感呶呶不已夫何爲哉自餘一書於碑陰

伊通州學未建

敦化縣學未建

長春府學在城東二道街路北同治十一年紳士朱琛等捐建

大成殿三楹東西廡各三楹泮池櫺星門齋舍照牆如制餘未具報冊

農安縣學未建

伯都訥廳學在孤榆樹屯東南隅同治十三年紳商捐建册報

賓州廳學在城內東南隅光緒十九年署同知吳贍菁捐建大成殿三楹前月臺臺下爲甬道東西兩廡各五楹其南爲大成門牆之西設角門一通菁化書院直大成門之前爲石橋泮池之水由照牆外東南隅自來泉流入又其前曰櫺星門東曰禮門西曰義路坊二照壁一座榜曰萬仞宮牆左右立下馬碑各一贍菁自爲記圖說

記曰聖道與血氣俱凡横目方趾各稟一忠乎其君

孝乎其親敬乎其長之性俟夫先知先覺者率而復
之即先知先覺者曷嘗有所遺以謂樸僿無足教而
不引之爲臣爲子爲弟之途俾彝倫卽敘哉顧性所
錮蔽則有矣是後起者耳薦紳先生口禮法躬威儀
而心利祿方其爲赤子不爾也其爾也錮蔽於利祿
將以禮法威儀者市焉豈其天耶夫天則樸僿之全
劉晏莞鹽鐵用士人不用胥吏戚繼光募兵取鄉野
椎魯不取城市游閒也可以觀矣賓之爲州地直金
上京其時蓋有國學臨雍釋奠史或書焉元明復成
部落

國初征有之州於同治間其地特遠其俗樸僿而任質其教未興前政蘄有以振起之構屋三楹者二廂其東西又門焉將以爲廳學未竣也越光緒十八年瞻菁視事於此竊謂侈不可示陋亦不可安適爽塏一區鄰舊所構卜氏云吉遂規爲大成殿翼之兩廡後崇聖祠前櫺星門導泉入自東垣滙爲泮池復導自西垣出而橋乎泉所由左右各一餘燎瘞諸所如制別繕完舊所構緣詩菁菁者莪名曰菁化書院踰年蒇事都財用工役曁在事有力者書之碑陰於是展祀春秋始有其所焉夫聖人之道無乎不在豈曰設

之廟立之主然禮格乎天地樂通乎神明亦豈玉帛鐘鼓之謂而玉帛鐘鼓正禮與樂所以格天地通神明之器也夫學何殊哉賓初無是爲子亦知孝爲弟亦知敬爲臣亦知忠得諸性也賓既有是子知所以孝弟知所以敬臣知所以忠性之復也性之復人也得諸性天也天素而人繪事也以賁樸僿也固宜且樸僿大可用矣周勃厚重少文問錢穀出入及歲刑人幾何皆不知所對然安劉者固勃汲黯蓋甚矣戇時謂招之不來揮之不去臨大節而不可奪焉然則賓人士與口禮法躬威儀若薦紳先生之心之爲利

祿所錮薇緩急不可恃毋亦以樸僿全其天耶是即不知其仁焉用佞之説也夫長吏不惟治民亦與教士以故他或未遑獨此之務焉誠不敢有所薄以爲無足語聖人之道賓其可自薄與

五常廳學未建

雙城廳學在東街路南同治十三年商民捐建册報

甯古塔學在城内東南隅康熙三十二年建盛京志作乾隆三十五年

正殿三楹大門一座餘未具册報

伯都訥舊城學在城東南隅道光二年建吉林外紀六光緒五年兵民捐修正殿三楹餘未具册報

三姓學在城內吉林外紀六正殿三楹兩廡各三楹大成門一楹東西便門各一大門一楹東西角門各一照壁一座坊二下馬碑二上篆刻滿漢兩體書冊報

阿勒楚喀學在城內吉林外紀六

祀典

至聖先師孔子神位南向木主高二尺五寸五分廣六寸五分厚一寸朱地金書小座高四寸五分大座高一尺四寸五分龕二重

四配神位木主高一尺七寸廣四寸五分厚五分赤地金書小座高三寸五分大座高一尺五分東西連

二龕合座十二哲謹案康熙五十一年以朱子升配大成殿爲十一哲乾隆四年以有子升配爲十二哲神位木主高一尺四寸廣三寸五分厚五分赤地金書小座高二寸五分大座高一尺東西各連六龕合座文廟祀典考五

正殿奉

至聖先師孔子神位正中南嚮

東配在殿內東旁西嚮

復聖顏子名回字子淵魯人漢永平十二年祀七十二弟子顏子位第一

述聖子思子名伋字子思宋大觀二年從祀端平二年升列哲位咸淳三年配享

西配在殿內西旁東嚮

宗聖曾子名參字子輿魯南武城人唐開元八年從祀宋咸淳三年配享
亞聖孟子名軻字子輿一云子車鄒人宋元豐七年配享
東哲在殿内次東旁西嚮
先賢閔子名損字子騫魯人唐開元八年從祀
先賢冉子名雍字仲弓魯人唐開元八年從祀
先賢端木子名賜字子貢衞人唐開元八年從祀
先賢仲子名由字子路卞人唐開元八年從祀
先賢卜子名商字子夏衞人唐貞觀二十一年以經師從祀開元八年以十哲從祀
先賢有子名若字子若魯人唐開元二十七年從祀國朝乾隆三年升列哲位
西哲在殿内次西旁東嚮

先賢冉子名耕字伯牛魯人唐開元八年從祀

先賢宰子名予字子我魯人唐開元八年從祀

先賢冉子名求字子有魯人唐開元八年從祀

先賢言子名偃字子游吳人唐開元八年從祀

先賢顓孫子名師字子張陳人唐開元二十七年從祀宋咸淳三年升列哲位

先賢朱子名熹字元晦婺源人宋淳祐元年從祀國朝康熙五十一年升列哲位

兩廡從祀先賢先儒神位木主高一尺三寸六分廣三寸五分厚六分赤地墨書小座高二寸大座高七寸五分東西各連四龕祀典考五

東廡先賢在殿下東旁西嚮

先賢公孫僑字子產一字子美鄭人　國朝咸豐七年從祀

先賢林放字子邱魯人唐開元二十七年從祀明嘉靖九年改祀於鄉　國朝雍正二年復

先賢原憲字子思檀弓作仲憲宋人鄭康成曰魯人唐開元二十年從祀

先賢南宮适字子容史記作括家語作韜索隱引家語作縚謂即魯孟僖子之子仲孫閱也閱一作說魯人　案讀史訂疑夏氏洪基朱氏彝尊俱謂南宮适與南宮敬叔爲一人而鄭氏環駁正之文廟祀典考以鄭說爲長今從之唐開元二十七年從祀

先賢商瞿字子木魯人唐開元二十年從祀

先賢漆雕開家語字子若史記字子開蔡人鄭康成曰魯人唐開元二十七年從祀

先賢司馬耕字子牛家語作司馬犂耕論語集註名犂宋人唐開元二十七年從祀

先賢梁鱣字叔魚一作鯉字子魚齊人唐開元二十七年從祀

先賢冉孺 字子魯索隱引家語作孺字子魯今本家語亦作儒字子魚一作曾魯人唐開元二十七年從祀

先賢伯虔 字子析索隱引家語作伯處字子晳今本家語作伯虔字楷魯人唐開元二十七年從祀

先賢冉季 字子產或作子達魯人唐開元二十七年從祀

先賢漆雕徒父 字子文闕里文獻考或作子有魯人唐開元二十七年從祀

先賢漆雕哆 字子斂家語哆作侈文翁圖作多魯人唐開元二十七年從祀

先賢公西赤 字子華魯人唐開元二十七年從祀

先賢任不齊 字子選楚人唐開元二十七年從祀

先賢公良孺 字子正索隱云鄒誕本作公襄儒家語作孺亦字子正一作子幼陳人唐開元

二十七年從祀

先賢公肩定字子中宋高宗贊作子忠一作子申魯人或曰晉人唐開元二十七年從祀

先賢鄡單字子家徐廣曰一云鄔單魯人唐開元二十七年從祀

先賢罕父黑字子索索一作素家語作宰父黑字索魯人唐開元二十七年從祀

先賢榮旂字子祺索隱引家語作榮祈字子顏魯人唐開元二十七年從祀

先賢左人郢字子行魯人唐開元二十七年從祀

先賢鄭國字子徒索隱引家語云薛邦字徒今本家語作薛邦字子從魯人唐開元二十七年從祀

先賢原亢字子籍史記作原亢籍索隱引家語云名亢字子籍魯人唐開元二十七年從祀

先賢廉潔字子庸衛人古史作齊人唐開元二十七年從祀

先賢叔仲會字子期魯人鄭康成曰晉人唐開元二十七年從祀
先賢公西輿如字子上魯人一作齊人唐開元二十七年從祀
先賢邽巽字子歛索隱作邦巽云家語作選字子歛文翁圖作與選蓋亦避漢諱改之魯人唐開元二十七年從祀
先賢陳亢字子禽說文亢作伉陳人唐開元二十七年從祀
先賢琴張字子開一字子張衛人唐開元二十七年從祀
先賢步叔乘字子車齊人唐開元二十七年從祀
先賢秦非字子之魯人王引之曰非與飛通之當爲止字之誤也唐開元二十七年從祀
先賢顏噲字子聲魯人唐開元二十七年從祀
先賢顏何字子冉魯人唐開元二十七年從祀明嘉靖九年罷祀國朝雍正二年復祀

先賢縣亶字子象魯人　國朝雍正二年從祀

先賢牧皮　國朝雍正二年從祀

先賢樂正克趙岐注樂正姓熊氏鄭人　國朝雍正二年從祀

先賢萬章齊人　國朝雍正二年從祀

先賢周敦頤字茂叔宋道州人學者稱濂溪先生諡曰元宋淳祐元年從祀　國朝康熙五十三年改稱先賢

先賢程顥字伯淳宋河南洛陽人文彥博題其墓曰明道先生諡曰純宋淳祐元年從祀　國朝康熙五十三年改稱先賢

先賢邵雍字堯夫宋河南人諡康節宋咸淳三年從祀　國朝康熙五十三年改稱先賢

西廡先賢在殿下西旁東嚮

先賢蘧瑗字伯玉衞人唐開元二十七年從祀明嘉靖九年改祀於鄉國朝雍正二年復

先賢澹臺滅明字子羽武城人唐開元二十七年從祀

先賢宓不齊字子賤魯人唐開元二十七年從祀

先賢公冶長字子長釋文引家語云字子張又引范甯云名芝字子長索隱引家語名萇又引范甯云字子芝鄭氏環曰周人諱名無名與字同者當從釋文字子張或從索隱名萇魯人史記作齊人唐開元二十七年從祀

先賢公皙哀字季次家語作公皙尅今孔本作克毛本亦作哀字季沈皙或作析齊人一作魯人唐開元二十七年從祀

先賢高柴字子羔家語作季羔檀弓作子臯齊人鄭康成曰衞人檀弓疏鄭人唐開元二十七年從祀

先賢樊須字子遲索隱作字遲魯人鄭康成曰齊人唐開元二十七年從祀

先賢商澤字子季一作子秀魯人唐開元二十七年從祀

先賢巫馬施字子期史記作子旗一作子旂家語作巫馬期字子期陳人鄭康成曰魯人唐開元二十七年從祀

先賢顏辛字子柳魯人唐開元二十七年從祀

先賢曹卹字子循蔡人唐開元二十七年從祀

先賢公孫龍字子石衞人鄭康成曰楚人唐開元二十七年從祀

先賢秦商字丕茲史記字子丕魯人唐開元二十七年從祀

先賢顏高字子驕索隱引家語云名產今本家語作刻魯人唐開元二十七年從祀

先賢壤駟赤字子徒王引之曰徒讀爲赭說文云赭赤土也古聲徒赭相近秦人唐開元二

十七年從祀

先賢石作蜀字子明鄭氏環曰蜀當作燭古本家語作石之蜀今本作石子蜀氏族略複姓篇有石作氏秦之成紀人唐開元二十七年從祀

先賢公夏首字子乘家語首作守魯人唐開元二十七年從祀

先賢后處字子里齊人唐開元二十七年從祀

先賢奚容蒧字子晳衛人孔本家語作魯人唐開元二十七年從祀

先賢顏祖字子襄今本家語祖作相魯人唐開元二十七年從祀

先賢句井疆字子疆家語字子界一字子野衛人唐開元二十七年從祀

先賢秦祖字子南秦人唐開元二十七年從祀

先賢縣成字子祺索隱云家語作子謀今本家語字子橫魯人唐開元二十七年從祀

先賢公祖句茲字子之家語作公祖茲王引之曰句與拘通說文曰拘止也之亦當爲止句訓爲止故字子止也魯人唐開元二十七年從祀

先賢燕伋字子思家語作級魯人唐開元二十七年從祀

先賢樂欬字子聲魯人唐開元二十七年從祀

先賢狄黑字子晳衞人唐開元二十七年從祀

先賢孔忠字子蔑今本家語作孔弗孔子兄孟皮之子唐開元二十七年從祀

先賢公西葴字子上家語字子尙魯人唐開元二十七年從祀

先賢顏之僕字子叔魯人唐開元二十七年從祀

先賢施之常字子恆今本家語字子常魯人唐開元二十七年從祀

先賢申棖字子周史記作申黨字周釋文引史記作申棠家語作申績字子周孔本作申績索

隱云文翁圖有申棖申棠弟子考云禮殿圖作儻咸

湻臨安志云字子續魯人唐開元二十七年從祀

先賢左邱明魯人爲魯太史朱子以爲楚左史倚相

之後唐貞觀二十一年以經師從祀

先賢秦冉字子開史記字開蔡人唐開元二十七年

從祀明嘉靖九年罷祀　國朝雍正二年

復

先賢公明儀魯南武城人　國朝咸豐三年從祀

先賢公都子齊人孟子弟子　國朝雍正二年從祀

先賢公孫丑齊人孟子弟子　國朝雍正二年從祀

先賢張載字子厚宋鳳翔郿縣人謚曰明學者稱橫

渠先生宋湻祐元年從祀　國朝康熙五

十三年改稱先賢

先賢程頤字正叔宋河南洛陽人謚曰正世稱伊川

先生宋湻祐元年從祀　國朝康熙五十

三年改稱先賢

東廡先儒在殿下次東旁西嚮

先儒公羊高齊人生周末子夏弟子受經於子夏唐貞觀二十一年從祀

先儒伏勝濟南人秦博士龐鍾璐曰按索隱引張華云名勝紀年云字子賤考伏生爲宓子之後云字子賤者蓋誤以宓子字爲伏生字也唐貞觀二十一年從祀

先儒毛亨河間人或曰魯人　國朝同治二年從祀

先儒孔安國字子國孔子十一世孫唐貞觀二十一年從祀

先儒后蒼字近君漢東海郯人明嘉靖九年從祀

先儒許慎字叔重東漢汝南召陵人　國朝光緒二年從祀

先儒鄭康成東漢北海高密人唐貞觀二十一年從祀明嘉靖九年改祀於鄉　國朝雍正

二年復
先儒范甯字武子晉南陽順陽人唐貞觀二十一年從祀明嘉靖九年改祀於鄉　國朝雍正二年復
先賢陸贄字敬輿唐蘇州嘉興人謚曰宣　國朝道光六年從祀
先賢范仲淹字希文宋蘇州吴縣人謚文正　國朝康熙五十四年從祀
先儒歐陽修字永叔宋廬陵人謚文忠明嘉靖九年從祀
先儒司馬光字君實宋夏縣涑水鄉人封温國公謚文正宋咸淳三年從祀
先儒謝良佐字顯道宋壽春上蔡人　國朝道光二十九年從祀
先儒羅從彦字仲素宋南劍羅源人學者稱豫章先生謚文質明萬歷四十一年從祀
先儒李綱字伯紀宋邵武人謚忠定　國朝咸豐元年從祀

先儒張栻字敬夫宋漢州綿竹人世號南軒先生謚曰宣宋景定二年從祀

先儒陸九淵字子靜宋撫州金谿人學者稱象山先生明嘉靖九年從祀

先儒陳淳字安卿宋漳州龍溪人門人稱北溪先生國朝雍正二年從祀

先儒眞德秀字景元後更爲希元宋浦城人世稱西山先生謚文忠明正統二年從祀

先儒何基字子恭宋婺州金華人謚文定國朝雍正二年從祀

先儒文天祥字宋瑞又字履善自號文山宋吉州吉水人國朝道光二十三年從祀

先儒趙復字仁甫元德安人學者稱江漢先生國朝雍正二年從祀

先儒金履祥字吉父元婺州蘭溪人學者稱仁山先生謚文安國朝雍正二年從祀

先儒陳澔字可大元都昌人學者稱雲莊先生又稱經歸先生國朝雍正二年從祀

先儒方孝儒字希直一字希古明甯海人謚文正國朝同治二年從祀

先儒薛瑄字德温明山西河津人學者稱敬軒先生諡文清隆慶五年從祀

先儒胡居仁字叔心明江西餘干人人稱敬齋先生諡文敬萬歷十二年從祀

先儒羅欽順字允升號整庵明江西泰和人諡文莊國朝雍正二年從祀

先儒呂柟字仲木明陝西高陵人别號涇野學者稱涇野先生諡文簡國朝同治二年從祀

先儒劉宗周字起東明浙江山陰人學者稱念臺先生國朝乾隆四十一年賜諡忠介道光二年從祀

先儒孫奇逢字啟泰一字鍾元國朝直隸容城人世稱夏峰先生道光八年從祀

先儒張履祥字考夫國朝浙江桐鄉人學者稱楊園先生同治十年從祀

先儒陸隴其初名龍其後改今名字稼書國朝浙江平湖人雍正二年從祀乾隆元年

特旨賜諡清獻

先儒張伯行　字孝先　國朝河南儀封人謚清恪光緒四年從祀

西廡先儒　在殿下次西旁東嚮

先儒穀梁赤　釋文引七錄云名俶字元始顏師古曰名喜魯人受經於子夏與秦孝公同時唐貞觀二十一年從祀

先儒高堂生　字伯漢魯人唐貞觀二十一年從祀

先儒董仲舒　漢廣川人元至順元年從祀

先儒劉德　漢景帝子封河間王謚曰獻　國朝光緒三年從祀

先儒毛萇　漢趙人爲河間獻王博士世謂毛亨爲大毛公萇爲小毛公唐貞觀二十一年從祀

先儒杜子春　漢河南緱氏人唐貞觀二十一年從祀

先儒諸葛亮　字孔明東漢瑯琊陽都人謚忠武　國朝雍正二年從祀

先儒王通字仲淹隋河東龍門人門弟子私謚曰文中子明嘉靖九年從祀
先儒韓愈字退之唐鄧州南陽人謚曰文宋元豐七年從祀
先儒胡瑗字翼之宋泰州海陵人謚文昭人稱安定先生明嘉靖九年從祀
先儒韓琦字稚圭宋相州安陽人謚曰獻國朝咸豐二年從祀
先儒楊時字中立宋南劍將樂人謚文靖學者稱龜山先生明宏治八年從祀
先儒游酢字定夫宋建州建陽人國朝光緒十八年從祀
先儒尹焞字彥明一字德充宋洛人賜號和靖處士國朝雍正二年從祀
先儒胡安國字康侯宋建甯崇安人謚文定明正統二年從祀
先儒李侗字愿中宋南劍劍蒲人學者稱延平先生謚文靖明萬歷四十一年從祀
先儒呂祖謙字伯恭本居壽州遷婺州謚曰成學者稱東萊先生宋景定二年從祀

先儒袁燮字和叔宋慶元府鄞縣人謚正獻學者稱絜齋先生　國朝同治七年從祀

先儒黃榦字直卿宋福州閩縣人謚文肅學者稱勉齋先生　國朝雍正二年從祀

先儒輔廣字漢卿號潛齋本河朔人南渡居秀州崇德縣世稱慶源輔氏　國朝光緒五年從祀

先儒蔡沈字仲默宋建州建陽人元定季子謚文正學者稱九峰先生明正統二年從祀

先儒魏了翁字華父宋邛州蒲江人謚文靖　國朝雍正二年從祀

先儒王柏字會之號魯齋宋婺州金華人謚文憲　國朝雍正二年從祀

先儒陸秀夫字君實宋楚州鹽城人　國朝咸豐九年從祀

先儒許衡字仲平元河內人謚文正皇慶二年從祀

先儒吳澄字幼清元撫州崇仁人謚文正明正統八年從祀嘉靖九年罷　國朝乾隆二年復

先儒許謙字益之元金華人世稱白雲先生謚文懿
國朝雍正二年從祀
先儒曹端字正夫明河南澠池人學者稱月川先生
私謚靜修 國朝咸豐十年從祀
先儒陳獻章字公甫明廣東新會人學者稱白沙先
生萬曆初追謚文恭萬曆十二年從祀
先儒蔡清字介夫號虛齋明福建晉江人萬曆中追
謚文莊 國朝雍正二年從祀
先儒王守仁字伯安明浙江餘姚人世稱陽明先生
謚文成萬曆十二年從祀
先儒呂坤字叔簡一字心吾明河南甯陵人 國朝
道光六年從祀
先儒黃道周字幼平明福建漳浦人學者稱石齋先
生 國朝乾隆四十一年賜謚忠
端道光五年從祀
先儒陸世儀字道威號桴亭 國朝江蘇太倉州人
光緒元年從祀
先儒湯斌字孔伯一字潛菴 國朝河南睢州人乾
隆元年賜謚文正道光三年從祀

崇聖祠五王神位皆南向木主高一尺七寸廣四寸五分厚五分赤地金書正位五龕中獨座左右兩龕合座祀典考五

四配神位木主高一尺四寸廣三寸五分厚五分赤地金書東西連二龕合座今增孟皮氏於顏氏之上一龕獨座同上

肇聖王木金父公正中

裕聖王祈父公左

詒聖王防父公右

昌聖王伯夏公左次

啟聖王叔梁公右次

東配東位西嚮

先賢孔氏孟皮

先賢顏氏名無繇史記字路家語字季路

先賢孔氏名鯉字伯魚

西配西位東嚮

先賢曾氏名點字子晳史記作蒧字晳

先賢孟孫氏名激字公宜魯公族孟孫之後

兩廡從祀神位木主高一尺三寸六分廣三寸五分厚六分赤地墨書東連二龕一座連二龕謂一龕中分爲二各一座也

獨龕一座西連二龕一座

東廡　祠外東旁西嚮

先儒周氏　名輔成周子敦頤之父

先儒程氏　名珦字伯溫二程子顥頤之父

先儒蔡氏　名元定字季通世稱西山先生謚文節蔡子沈之父

西廡　祠外西旁東嚮

先儒張氏　名迪張子載之父

先儒朱氏　名松字喬年號韋齋朱子熹之父元至正二十一年謚獻靖

歲以春秋仲月上丁日釋奠

陳設

先師正位前制帛一色白設案一牛一羊一豕一登一實
以太羹鉶二實以和羹簠二實以黍稷簋二實以稻
粱籩十實以形鹽藁魚棗栗榛菱芡鹿脯白餅黑餅
豆十實以韭菹醓醢菁菹鹿醢芹菹兔醢笋菹魚醢
脾析豚拍尊一爵三鑪一鐙二
四配位前制帛各一色白各設案一陳羊一豕一鉶
二簠二簋二實並同上籩八實同上無白餅黑餅豆
八實同上無脾析豚拍爵三鑪一鐙二東西各尊一
十二哲位前制帛各一色皆白東西各設六案鉶一
實以和羹簠一實以黍簋一實以稷籩四實以形鹽

棗栗藁魚豆四實以菁菹鹿醢芹菹兎醢爵三東西
各羊一豕一尊一鑪一鐙二
兩廡二位共一案每案陳鉶簠簋各一籩豆各四實
如哲位先賢案前東西各羊二豕二先儒案首東西
各羊一豕一東西各尊三統設香案二每案制帛一
爵三鑪一鐙二
崇聖祠正位五案各帛一羊一豕一鉶二簠簋各二籩
豆各八實如配位爵三尊一鑪一鐙二
崇聖祠配位凡五案各帛一鉶一簠簋各一籩豆各四
實如哲位東西各羊一豕一尊一鑪一鐙二

兩廡位前東二案西一案案設爵一簠簋各一籩豆各一東西各帛一羊一豕一尊一鑪一鐙二以上俱會典事例三百三十四

樂器

府州縣各學皆設麾一編鐘十六編磬十六琴六瑟四排簫二簫六笛六篪四笙六壎二建鼓一搏拊二柷一敔一節二羽三十六籥三十六奏昭平宣平秩平敘平懿平德平之章陳六佾之舞二月以夾鐘爲宮八月以南呂爲宮會典三十四

樂章

迎神奏昭平一成

大哉孔子　先覺先知　與天地參　萬世之師

祥徵麟紱　韻答金絲　日月旣揭　乾坤清夷

奠帛初獻奏宣平一成

予懷明德　玉振金聲　生民未有　展也大成

俎豆千古　春秋上丁　清酒旣載　其香始升

亞獻奏秩平一成

式禮莫愆　升堂再獻　響協鼗鏞　誠孚罍甗

肅肅雍雍　譽髦斯彥　禮陶樂淑　相觀而善

終獻奏敘平一成

自古在昔　先民有作　皮弁祭菜　於倫思樂
維天牖民　維聖時若　彝倫攸敘　至今木鐸
徹饌奏懿平一成
先師有言　祭則受福　四海黌宮　疇敢不肅
禮成告徹　毋疏毋瀆　樂所自生　中原有菽
送神奏德平一成
凫繹峩峩　洙泗洋洋　景行行止　流澤無疆
聿昭祀事　祀事孔明　化我蒸民　育我膠庠會典
四十七
儀注

祭之前二日承祭分獻官皆致齋執事官補服至犧牲所省牲前一日承祭官率僚屬朝服上香監視宰牲執事者舁祝案送致齋所承祭官視畢送至前後殿安設一跪三叩退祭日日出前六刻承祀等官更衣畢通贊贊啟戶樂舞生登歌執事者各執其事文舞六佾進承祭官就位分獻官就位陪祭官就位東文武西瘞毛血司毛血生捧毛血從中門出埋西北隅坎內　啟牲饌蓋舉迎神樂奏昭平之章司香捧香盤贊引引承祭官升東階入殿左門詣

先師香案前司香跪進香贊跪承祭官行一叩禮興贊上

香承祭官上炷香次三上瓣香跪一叩興贊復位分
獻官各詣四配十二哲兩廡先賢先儒位上香如儀
皆復位通贊贊跪叩興承祭官行三跪九叩禮各官
隨行禮興贊奠帛行初獻禮奏宣平之章舞羽籥之
舞引贊引承祭官詣盥洗所浴水進巾司帛奉帛司
爵奉爵進承祭官入殿左門詣
先師位前跪一叩興司帛跪奉篚承祭官受篚拱舉奠於
案司爵跪奉爵承祭官受爵拱舉奠於正中亞獻奠左三獻
奠右跪一叩興復位分獻官各詣四配十二哲兩廡奠
獻如儀各復位司祝至祝案前跪三叩奉祝版跪案

左樂暫止承祭官詣讀祝位跪衆官皆跪司祝讀祝畢捧祝版詣正位跪安於案三叩退承祭官三叩興（各官同叩興）復位行亞獻禮奏秩平之章行終獻禮奏敘平之章（舞並同初獻）承祭分獻並如初獻儀乃飲福受胙承祭官詣飲受位前跪飲福酒受福胙（執事生奉正案中爵羊左膊跪奉承祭官拱舉畢歸之署）三叩興復位（衆官同跪叩興）舞文德之舞退乃徹饌奏懿平之章徹畢送神奏德平之章承祭及衆官行三跪九叩禮執事者奉祝次帛次饌次香恭送燎所各官避立西旁東面俟過復位引詣望燎位望燎畢闔戶各退

崇聖祠同時致祭贊引引承祭官入祠左門分獻官隨入承祭官盥洗畢引詣殿階下正中分獻官以次序立於後均北面典儀贊執事官各共迺職（以下自迎神至送神皆典儀唱贊）贊引官贊就位引承祭官就拜位立贊迎神司香捧香盤進贊引官贊就上香位引承祭官升東階由殿左門入詣

肇聖王香案前立司香跪奉香贊引官贊跪承祭官跪一叩贊上香承祭官上炷香次三上瓣香一叩興以次詣左右

正位前上香儀同贊復位引承祭官退至殿左門北

面揖出凡出殿門皆揖復位分獻官各詣配位兩廡從祀位前上香如儀皆復位贊引官贊跪叩興以下行禮皆有贊承祭官行三跪九叩禮分獻官均隨行禮奠帛行初獻禮執事生各奉篚執爵進承祭官入殿左門詣
神位前跪一叩司帛跪奉篚承祭官受篚拱舉奠於案司爵跪奉爵承祭官受爵拱舉奠於正中一叩興以次奠獻畢司祝至祝案前三叩奉祝版跪案左承祭官詣讀祝位跪司祝讀祝畢詣正中
神位前跪安於案三叩退承祭官行三叩禮畢仍由殿左門出復位分獻官奠帛獻爵各如儀皆復位次

亞獻奠爵於左次終獻奠爵於右配位兩廡畢獻儀
均與初獻同徹饌送神承祭官及分獻官均行三跪
九叩禮執事生奉祝次帛次饌次香恭隨燎所承祭
官避立西旁東面俟祝帛過復位引詣望燎位望燎
引承祭官退按以上兩條據遵義府志錄會典及祀典考俱載遣官釋奠儀注其文小異故
錄此
祝文祝版白紙黃緣墨書
維某年月日某官某致祭於
至聖先師孔子曰維
先師德隆千聖道冠百王揭日月以常行自生民所未有

厲

文教昌明之會正禮和樂節之時辟雍鐘鼓咸恪薦於馨

香泮水膠庠益致嚴於籩豆茲當春秋仲祇率彝章肅

展微忱聿將祀典以復聖顏子宗聖曾子述聖子思

子亞聖孟子配尚饗祀典考五

維某年月日某官某致祭於

肇聖王

裕聖王

詒聖王

昌聖王

啟聖王曰維
王奕業鍾祥光開聖緒盛德之後積久彌昌凡聲教
所覃敷率循源而溯本宜肅明禋之典用申守土之
忱茲屆仲春秋聿修祀事配以先賢孟皮氏先賢顏氏
先賢曾氏先賢孔氏先賢孟孫氏尚饗同上
規條
順治元年定每歲春秋仲月上丁日直省府州縣各
行釋奠於
先師之禮以地方正印官主祭陳設禮儀均與國子監丁
祭同會典事例三百五十五

順治初年定直省府州縣建名宦鄉賢二祠於學宮
內每歲春秋釋奠
先師同日以少牢祀名宦鄉賢皆地方官主祭行禮同上
康熙二十五年議准直省武官協領副將以上遇
文廟祭祀並令陪祀行禮同上
五十年題准我
朝樂章皆用平字因州縣未曾頒發仍襲前明錯用和
字著直省各巡撫通行府州縣儒學皆改和字爲平
字以歸畫一同上
雍正二年議准

大成殿四配十二哲每位一案兩廡二位共一案

崇聖祠四配異案兩廡二位共案其兩廡内有單位者

仍獨設一案會典事例三百五十三

三年奏准將

文廟祭器樂器式樣刊刻頒行直隸各省畫一製造會典三百五十五

五年議准致祭

至聖先師孔子大典攸關令直省惟司道府州縣官於丁

日行禮其督撫學政則先期一日於階下行九叩禮

謂之祭丙典制所無且行禮前後儀期滌器視牲晉

爵奠斝儀文隆備今但行九叩禮亦未允協嗣後省會之區每遇春秋二季於上丁日督撫學政率司道府州縣等官齊集致祭如學政考試各府即於考試處

文廟內行禮至各府州縣守土正印官率領各屬員亦於上丁日行禮毋得簡率從事均照典制遵行同上

十二年議准直省

文廟祭器樂器有未全備者該地方官詳明督撫照額設原數備齊如有損壞亦即詳明修補府州縣官弁教官離任時俱各查明交代如有損壞遺失之處或

教官已經詳報而該地方官不行修整責令該地方官賠修如教官未經詳報即著教官賠修學政全書三

乾隆元年議准凡文廟祭器樂器有未製備者均動項成造仍於完竣時報部覈銷同上

六年議准學宮從祀先賢先儒神位次序以京師太學成式通行直省府州縣遵照書題按東西先後次序安設會典事例三百五十五

八年

聖廟樂章頒發曲阜及天下學今樂舞生肄習虔肅將事學政全書三

九年議准直省文武大員及各屬正印官於朔望

文廟行香禮畢之後應親詣

崇聖祠行禮或有事不能親詣即委令教官敬謹行禮同上

十六年議准直省

文廟春秋丁祭准設禮生四名皆以生員充設學政全書八十

三十七年議准

盛京學宮每歲春秋祭祀沿用民間鼓樂於

文廟定制有違令該府尹等將需用樂舞等器按照
欽定皇朝禮器如式製造其額設樂舞生照
闕里之例酌選稍通音律者送太常寺肄業俟熟諳時
咨回本學令其轉相傳授學政全書三
各省府州縣建
先師孔子廟每歲以春秋仲月上丁日釋奠省城以巡撫
爲正獻有總督省分總督正獻兩序以布政使按察
使及道員兩廡以知府同知爲分獻
崇聖祠以學政爲正獻府州縣無道員分駐者知府知
州知縣正獻兩序以佐貳及所屬兩廡以廪生分獻

崇聖祠教諭正獻兩序訓導分獻兩廡廩生分獻會典事例

二十九

吉林通志卷四十七

學校志四　學署　學額

學署

吉林府教授署在

文廟西明倫堂後吉林外紀雍正四年覆准增設奉天府永吉州學正一員會典事例二百九十四光緒七年改升府教授

正室三楹東西廂各三楹明倫堂三楹尊經閣三楹學册

尊經閣嘉慶十四年將軍秀林捐建奉天學政茹棻

奏請頒

內板經籍於各學藏庋閣中

聖諭廣訓一部

欽定周易折中一部

御纂周易述義一部

欽定書經傳説彙纂一部

欽定詩經傳説彙纂一部

御纂詩義折中一部

欽定周官義疏一部

欽定儀禮義疏一部

欽定春秋傳説彙纂一部

欽定春秋直解一部
御註孝經一部
御纂孝經集註一部
十三經註疏各一部
御批資治通鑑綱目一部
御纂朱子全書一部
御纂性理精義一部
欽定康熙字典一部
欽定子史精華一部
欽定佩文韻府一部

御選古文淵鑑一部
御選唐宋文醕一部
御選唐宋詩醕一部
欽定四書文一部
御論一本道光三年頒發
欽定學政全書道光五年頒發
盛京通志二套以上俱舊貯書籍
二十四史各一部
遼金元三史國語解一部
遼史拾遺一部

補元史藝文志一本
元史國語解一部
補元史氏族表一部以上似光緒十年巡道顧肇熙增貯
伊通州訓導光緒八年設學署未建
敦化縣訓導光緒八年設學署未建
長春府教授署在
文廟西偏同治十一年將軍宗室奕榕奏設訓導挪建
衙署光緒十五年改升教授明倫堂三楹內宅三楹
及前後翼室共十八楹册報
農安縣訓導光緒十六年設學署未建

伯都訥廳訓導署雍正四年覆准增設長甯縣教諭一員嗣裁會典事例二百九十四同治十一年將軍宗室奕榕奏設訓導捌建衙署册報

賓州廳教諭署光緒八年設官十七年署同知趙宗翰捐建

五常廳教諭光緒八年設學署未建

雙城廳訓導光緒八年設學署未建

學制

順治九年題准刊立卧碑置於明倫堂之左曉示生員

朝廷建立學校選取生員免其丁糧厚以廩膳設學院
學道學官以教之各衙門官以禮相待全取養成賢
才以供
朝廷之用諸生皆當上報
國恩下立人品所有教條開列於後　一生員之家父
母賢智者子當受教或有非爲者子旣讀書明理當
再三懇告使父母不陷於危亡　一生員立志當學
爲忠臣清官書史所載忠清事蹟務須互相講究凡
利國愛民之事更宜留心　一生員居心忠厚正直
讀書方有實用出仕必作良吏若心術邪刻讀書必

無成就爲官必取禍患行害人之事者往往自殺其身常宜思省　一生員不可干求官長交結勢要希圖進身若果心善德全上天知之必加以福　一生員當愛身忍性凡有司官衙門不可輕入即有切己之事只許家人代告不許干與他人詞訟他人亦不許牽連生員作證　一爲學當尊敬先生若講說皆須誠心聽受如有未明從容再問毋妄行辨難爲師亦當盡心教訓勿致怠惰　一軍民一切利病不許生員上書陳言如有一言建白以違

制論黜革治罪　一生員不許結黨多人立盟結社把持

官府武斷鄉曲所作文字不許妄行刊刻違者聽提
調官治罪（會典事例三百十一）
康熙二十九年議准學宮關係文教凡官民等經過
者皆下車馬並禁於學宮內放馬汚踐（學政全書三）
康熙三十九年議准直省奉有
欽頒
上諭十六條每月朔望地方官宣讀講說化導百姓令士子
亦應訓飭恭請
御製教條發直省學宮每月朔望令儒學教官傳集該學生
員宣讀訓飭務令遵守如有不遵者責令教官并地

方官詳革從重治罪會典事例三百十一

康熙四十一年

御製訓飭士子文頒行直省各學

國家建立學校原以興行教化作育人材典至渥也朕臨御以來隆重師儒加意庠序近復愼簡學使釐剔弊端務期風教修明賢才蔚起庶幾棫樸作人之意乃比年士習未端儒效罕著雖由內外臣工奉行未能盡善亦由爾諸生積痼已久猝難改易之故也茲特親製訓言再加警飭爾諸生其敬聽之從來學者先立品行次及文學學術事功原委有敘爾諸生幼聞庭訓長立宮牆朝夕誦讀甯無

究心必也躬修實踐砥礪廉隅敦孝順以事親秉忠貞以立志窮經考業勿雜荒誕之談取友親師悉化驕盈之氣文章歸於醕雅毋事浮華軌度式於規繩最防蕩軼子衿佻達自昔所譏苟行止有虧雖讀書何益若夫宅心弗淑行已多愆或蜚語流言挾制官長或隱糧包訟出入公門或唆撥姦猾欺孤凌弱或招呼羽類結社要盟乃如之人名教不容鄉黨勿齒縱幸脫褫扑濫竊章縫返之於衷當無愧乎況夫鄉會科名乃掄才大典關繫尤鉅士子果有眞才實學何患困不逢時顧乃標榜虛名暗通聲氣夤緣詭遇罔顧身家又或改竄鄉貫希圖進取嚚陵騰沸網利

營私種種弊端深可痛恨且夫士子出身之始尤貴以正
若茲厥初拜獻便已作奸犯科則異時敗檢踰閑何所不
至又安望其秉公持正爲國家宣猷樹績膺後先疏附之
選哉朕用嘉惠爾等故不禁反復惓惓頒茲訓言爾等務
共體朕心恪遵明訓一切痛加改省爭自濯磨積行勤學
以圖上進國家三年登造束帛弓旌不特爾身有榮卽爾
祖父亦增光寵矣逢時得志甯俟他求哉若仍視爲具文
玩惕勿警毀方躍冶暴棄自甘則是爾等冥頑無知終不
能率教也旣負栽培復干咎戾王章具在朕亦不能爲爾
等寬矣自茲以往內而國學外而直省鄉校凡學臣師長

皆有司鐸之責者並宜傳集諸生多方董勸以副朕懷否則職業勿修咎亦難逭勿謂朕言之不預也爾多士尙敬聽之上同

雍正三年議准士子誦習必早聞正論俾德性堅定將

聖諭廣訓

御製朋黨論頒發各省學政刊刻刷印齎送各學令司鐸之員朔望宣誦上同

御製朋黨論

朕惟天尊地卑而君臣之分定爲人臣者義當惟知有君

惟知有君則其情固結不可解而能與君同好惡夫是之謂一德一心而上下交乃有心懷二三不能與君同好惡以至於上下之情睽而尊卑之分逆則皆朋黨之習爲之害也夫人君之好惡惟求其至公而已矣凡用舍進退孰不以其爲賢而進之以其爲不賢而退之惟或恐其所見之未盡當也故虛其心以博稽衆論然必衆論盡歸於至正而人君從之方合於大公若朋黨之徒挾偏私以惑主聽而人君或誤用之則是以至公之心反成其爲至私之事矣孟子論國君之進賢退不肖既合左右諸大夫國人之論而必加察焉以親見其賢否之實洪範稽疑以謀及

乃心者求卿士庶民之從而皇極敷言必戒其好惡偏黨以歸於王道之蕩平正直若是乎人君之不自用而必欲盡化天下之偏私以成大同也人臣乃敢溺私心樹朋黨各徇其好惡以爲是非至使人君懲偏聽之生奸謂反不如獨見之公也朋黨之罪可勝誅乎我

聖祖仁皇帝御極六十年用人行政邁越千古帝王而大小臣僚未能盡矢公忠往往要朋結黨

聖祖戒飭再三未能盡改朕即位以來屢加申飭而此風尚存彼不顧好惡之公而徇其私暱牢不可破上用一人則相與議之曰是某所汲引者也於是乎遠之若浼曰吾避

嫌也不附勢也爭懷妒心交騰謗口以媒孽之必欲去之而後快上去一人則相與議之曰是某所中傷者也親暱者爲之惋惜疏遠者亦慰藉稱屈郎素有嫌隙者至此反致其殷勤欲借以釋憾而修好求一人責其改過自新者無有也於是乎其人亦不復自知其過惡而愈以滋其怨上之心是朝廷之賞罰黜陟不足爲重輕而轉以黨人之咨嗟歎息爲榮以黨人之指摘詆訾爲辱亂天下之公是公非作好惡以陰撓人主予奪之柄朋黨之爲害一至是哉且使人主之好惡而果有未公則何不面折廷爭而爲是陽奉陰違以遂其植黨營私之計也書曰予違汝弼汝

無面從退有後言當時君臣告語望其臣弼而以面從後言爲戒夫是故一堂之上都俞吁咈用能賡歌拜颺以成太和之運朕無日不延見羣臣造膝陳詞何事不可盡達顧乃默無獻替而狡猾叵測蓄私見以肆爲後言事君之義當如是乎古純臣之事君也必期致吾君於堯舜而人君亦當以堯舜自待其身豈惟當以堯舜待其身亦當以皋夔稷契待其臣孟子曰責難於君謂之恭陳善閉邪謂之敬吾君不能謂之賊夫以吾君不能而謂之賊則爲君者以吾臣不能亦當謂之忍諺云取法乎上僅得乎中苟不以唐虞君臣相期待而區區效法僅在漢唐以下是烏

能廓然盡去其私心而悉合乎大公至正之則哉宋歐陽
修朋黨論剏爲異說曰君子以同道爲朋夫罔上行私安
得謂道修之所謂道亦小人之道耳自有此論而小人之
爲朋者皆得假同道之名以濟其同利之實朕以爲君子
無朋惟小人則有之且如修之論將使終其黨者則爲君
子解散而不終於黨者反爲小人乎設修在今日而爲此
論朕必飭之以正其惑大抵文人掉弄筆舌但求騁其才
每至害理傷道而不恤惟六經語孟及宋五子傳注可奉
爲典要論語謂君子不黨在易涣之六四曰涣其羣元吉
朱子謂上承九五下無應與爲能散其朋黨之象大善而

吉然則君子之必無朋黨而朋黨之必貴解散以求元吉
聖人之垂訓亦旣明且切矣夫朋友亦五倫之一朋黨不
可有而朋友之道不可無然惟草茅伏處之時恆資其講
習以相佽助今旣登朝莅官則君臣爲公義而朋友爲私
情人臣當以公滅私豈得稍顧私情而違公義且卽以君
親之並重而出身事主則以其身致之於君而尙不能爲
父母有況朋友乎況可藉口於朋以怙其黨乎朕自四十
五年來一切情僞無不洞矚今臨御之後思移風易俗躋
斯世於熙皥之盛故兼聽並觀周諮博採以詳悉世務且
熟察風俗之變易與否而無知小人輒議朕爲煩苛瑣細

有云人君不當親庶務者信若斯言則皐陶之陳謨何以云一日二日萬幾孔子之贊舜何以云好問好察此皆朋黨之錮習未去畏人君之英察而欲蒙蔽耳目以自便其好惡之私焉耳朕在藩邸時坦易光明不樹私恩小惠與滿漢臣工素無交與有欲往來門下者嚴加拒絕
聖祖見朕居心行事公正無私故令纘承大統今之好爲朋黨者不過冀其攀援扶植緩急可恃而不知其無益也徒自逆天悖義以陷於誅絕之罪亦甚可憫矣朕願滿漢文武大小諸臣合爲一心共竭忠悃與君同其好惡之公恪遵大易論語之明訓而盡去其朋比黨援之積習庶肅然

有以懔尊卑之分歡然有以洽上下之情虞廷賡歌颺拜
明良喜起之休風豈不再見於今日哉同上
雍正七年議准令直省各督撫轉飭地方官將
欽定臥碑
御製訓飭士子文敬謹刊刻裝潢成帙奉藏各學尊經閣內
遇督撫等到任及學臣到任按臨於祗謁
先師之日該教官率生員貢監等詣明倫堂行三跪九叩
禮畢教官恭捧宣讀令其拱聽如有無故規避者行
學戒飭其有居址遥遠者令其輪班入城恭聽宣讀
至生員貢監內有嗳訟抗糧緣事曾經戒飭者令其

階下跪聽以示懲戒儻該教官不實力奉行或借端
需索奉行不善者許該管上司題參議處同上
又議准凡恭遇
萬壽聖節元旦冬至丁祭之期其優等生員並貢監等皆
令分班陪列行禮居址稍遠者亦令輪班入城學習
行禮如有高卧不赴參錯驕蹇者行學戒飭至遇督
撫等官到任及學臣按試祗謁
文廟亦令一體遵行并飭令各教官實力奉行不得瞻
徇情面亦不得借端需索同上
雍正十一年議准凡府州縣

文廟學宫有應行修理之處該地方官據實確估詳明
督撫學政於學租銀内動支修理俟工竣日委員驗
明責令該教官敬謹守護遇有殘缺卽會同地方官
查驗詳明酌量修補地方官及教官遇有陞遷事故
離任時將
文廟學宫照
社稷各壇例造入交盤項内接任官驗明並無傾圮出結接
收如有損壞失修之處卽行揭報參處學政全書三
乾隆五年
欽頒太學訓飭士子文

士爲四民之首而太學者教化所先四方於是觀型焉比者聚生徒而教育之董以師儒舉古人之成法規條亦既詳備矣獨是科名聲利之習深入人心積重難返士子所爲汲汲皇皇者惟是之求而未嘗有志於聖賢之道不知國家以經義取士使多士由聖賢之言體聖賢之心正欲使之爲聖賢之徒而豈沾沾焉文藝之末哉朱子同安縣諭學者云學者爲已今之世父所以詔其子兄所以勉其弟師所以教其弟子弟子之所以學舍科舉之業則無爲也使古人之學止於如此則凡可以得志於科舉斯已爾所以孜孜焉愛日不倦以至於死而後已者果何爲而然

哉今之士惟不知此以爲苟足以應有司之求矣則無事於汲汲爲也是以至於惰游而不知反終身不能有志於學而君子以爲非士之罪也使教素明於上而學素講於下則士子固將有以用其力而豈有不勉之患哉諸君苟能致思於科舉之外而知古人之所以爲學則將有欲罷不能者矣觀朱子此言洵古今通患夫爲己二字乃入聖之門知爲己則所讀之書一一有益於身心而日用事物之間存養省察闇然自修世俗之紛華靡麗無足動念何患詞章聲譽之能奪志哉況卽爲科舉亦無礙於聖賢之學朱子云非是科舉累人人累科舉若高見遠識之士讀

聖賢之書據吾所見爲文以應之得失置之度外雖日日
應舉亦不累也居今之世雖孔子復生也不免應舉然豈
能累孔子也朱子此言卽是科舉中爲己之學誠能爲己
則四書五經皆聖賢之精蘊體而行之爲聖賢而有餘不
能爲己則雖舉經義治事而督課之亦糟粕陳言無裨實
用浮僞與時文等耳故學者莫先於辨志志於爲己者聖
賢之徒也志於科名者世俗之陋也國家養育人才將用
以致君澤民治國平天下而囿於積習不能奮然求至於
聖賢豈不謬哉朕膺君師之位有厚望於諸生適讀朱子
書見其言切中士習流弊故親切爲諸生言之俾司教者

知所以教而學者知所以學會典事例三百十一

乾隆十年議准

欽頒訓飭士子文已勒石太學其各省尚未頒發應通行天

下學宫同

聖祖仁皇帝聖諭廣訓

世宗憲皇帝御製朋黨論令教官於朔望日一體宣講永遠

遵行同上

學額

吉林滿字號滿蒙入旗嘉慶五年設童生每五六名取進

一名廩增額各一名十年一貢吉林外紀六同治初年西

安將軍多隆阿攻克回巢得銀充餉奏加學額五六取一外定額三名六年捐輸案內滿號暫廣二次每次額一名十一年添設廩增額各一名五年一貢（捐檔）

合字號（漢軍入旗）嘉慶五年設童生每五六名取進一名廩增額各一名十年一貢（外紀）同治六年捐輸案內五六取一外加定額二名暫廣二次每次額一名十一年添設廩增額各一名五年一貢（捐檔）

吉林滿合二號應試文童均由各城該管協領衙門考驗騎射分別滿洲蒙古漢軍旗色佐領造具各童姓名籍貫清册呈送將軍考驗

國語騎射發交户司移送吉林府彙總考試册報
嘉慶四年議准各處駐防旗人因無就近考試之例
以致蹉跎失學嗣後駐防省分凡遇歲科兩試如有
情願赴考者准其就近考試俟取進後再聽其赴京
鄉試其應如何查照人數多寡酌定學額一切章程
應交禮部酌覈辦理具奏會典事例三百五
又奏准查在京八旗滿洲蒙古童生額進六十名覈
計近年應試人數約在五六名内取進一名今各省
駐防既准其就近考試入學應令各該學政按照八
數計應試童生亦五六名取進一名如佳卷不敷甯

缺無濫如將來人數較多應按人數定額其應行設
立廩增數目與出貢年分統俟歲科兩試之後各該
學政按照應試人數多寡文風高下咨部再爲分别
覈定至童生赴考例應廩生保結但現係初次考試
尚未經設有廩生應由本佐領具結保送俟該處設
有廩生仍照例令廩生保結將佐領保結之例停止
其馬步箭應由本處駐防大臣等考試彙送地方官
於府考童生時一併考試錄送學政取進同上
十三年覆准吉林滿合二號自嘉慶五年科試起至
本年歲試共錄取滿合旗童三十六名歲科三届已

周例應酌覈廩增額數應酌設廩增各二名仍俟食餼十年後方准出貢同上

吉林府立學之始年遠無考童生額進四名廩增額各二名五年一貢會典事例二百九十八咸豐五年六年兩次捐輸加廣定額二名同治六年捐輸又加定額二名並增設廩增額各二名摺檔

乾隆元年遵奉

恩詔議定奉天遼陽州等學原額七名五名者加二名四名二名者加一名學政全書六十五

四十三年八月辛巳廣

盛京奉天各屬科試學額東華續錄取進四五名者增額二名二三名者增額一名乾隆四十八年歲試廣額同案學政全書載

六十年二月

加恩增廣各省學額

盛京等處取進六名以上者增額三名四五名者增額二名二三名者增額一名會典事例三百五

嘉慶元年

恩詔各直省入學額數大學加七名中學加五名小學加三名同上

四年

恩詔直隸各省童生入學額數大學著增七名中學五名小學三名舉行一次不著爲例同上

十年

詔加盛京滿合二號及奉天所屬各學學額同上謹案額數與乾隆六十年同

道光元年

恩詔加直省童生入學額數大學七名中學五名小學三名歲科舉行一次不著爲例據安徽通志遵義府志錄

咸豐元年

恩詔加廣學額吉林二名學册五年捐輸案內廣額一名六年

廣額二名[摺檔]

同治元年

恩詔加廣學額吉林二名[學册]六年因迭次捐輸廣八次學額

四名一次學額二名[摺檔]

光緒元年

恩詔加廣學額吉林二名[學册]

謹案吉林向歸奉天管轄光緒以前伯都訥長春

二學並附吉林取進故歷次

恩廣之額俱繫於此滿合二號學册無考

雍正十二年議准永吉州長甯縣皆隸奉天府學但

永吉去府八百餘里長甯更遠應於永吉州添設學正一員將永吉州從前撥入府學生員撥回州學就近考課長甯縣生員不過數名毋庸另設教職應歸永吉州帶管廩增額數應俟人文漸盛之日再議其永吉長甯兩學童生仍照原撥入府學之額數取進會典事例二百九十八

十三年議准奉天府永吉州學額設廩增各一名五年一貢准於設學之年起算同上

乾隆二年議准奉天長甯縣裁歸永吉州應將長甯縣原取進童生二名入於永吉州內共取進四名同上

十二年議准裁汞吉州改爲吉林理事同知其文武童生即歸理事同知管轄入學及廩增額數併出貢年分均照舊例同上

伊通州光緒七年始立學額童生取進二名十八年設廩增額各二名五年一貢册報

敦化縣光緒七年始立學額童生取進二名廩增額未設册報

長春府道光六年設學額三名附吉林廳考試同治七年因捐輸五次案內加廣定額三名十一年分設專學額如故廩增額各二名光緒十二年添設廩增

各二名五年一貢冊報
咸豐五年捐輸廣額二名同治七年捐輸自戊辰歲
起廣十四次學額每次三名一次學額一名摺檔
農安縣光緒十五年建治設學定額二名廩增額未
設冊報
伯都訥廳雍正四年設學後裁學額二名併入永吉
州取進道光六年設學額二名二十二年加額三名
仍附吉林廳考試同治十一年分設專學額如故廩
增額各二名光緒十四年添設廩增各一名五年一
貢冊報

咸豐五年捐輸廣額三名六年廣額四名同治七年
捐輸廣學額三次每次一名（摺檔）
賓州廳
五常廳
雙城廳光緒七年建治設學額進二名廩增額未設
三廳同（册報）
貢額
拔貢生凡十二年一舉舊於吉林伯都訥長春三廳
合拔一名光緒九年署將軍玉亮學政朱以增奏請
增設各額尋議准滿合號各拔一名吉林府一名長

春府伯都訥廳合拔一名册報
玉亮朱以增奏言吉林爲我
朝發祥重地風俗純良士氣敦樸自吉林伯都訥長春三處分設學額以來同治九年創建考棚歲科按試已逾數屆近復整頓官學加增膏火考課書院按月舉行是以滿蒙合號子弟及民籍俊秀之士均能涵濡教化鼓舞奮興日趨於盛同治十一年前將軍宗室臣奕榕奉天學政臣張澐卿會奏仿照奉天昌圖岫巖各廳拔貢定額成案請設伯都訥長春兩廳各拔貢一額滿蒙各拔貢一額合號拔貢一額嗣經禮

部議覆吉林選拔試已逾期下次選拔尚在十二年
以後應俟將届選拔時由該將軍學政考察情形如
果人文日盛再行奏請辦理等因在案現距前次陳
請時又歷十餘年之久臣以增本年拔試吉林檢閱
滿蒙合號文生共三百餘名吉林府學共百名伯都
訥長春二廳亦一百餘名且童生應試人數日多不
獨舊有三學或二百餘名或三四百名即新設之賓
州五常雙城伊通敦化各廳州縣均係初次童試人
數已數十百名不等校閱文藝尚斐然可觀臣等查
看情形實係學校如林人文日盛並據各學教官轉

據滿合及民籍紳士呈請分設拔貢各額前來自應
遵照前次部議仍請將吉林原定拔貢一額專歸吉
林府學此外滿蒙各設拔貢一額以期仰副
聖主儲材興學之至意如蒙
恩允飭部迅速覈覆即於下届乙酉科考選拔貢之年爲
始云云部議准滿合號各拔一名吉林府學一名伯
都訥長春二廳學合拔一名
又希元朱以增奏請仍准添設吉林滿蒙及伯都訥
長春兩廳民籍各拔貢專額摺曰竊臣希元伏查奉
天學額滿蒙亦係合併例定拔貢專額二名近年滿

蒙應試諸生較之從前所增不止十倍上年部議止
准滿字號添設拔貢一名滿蒙併取似與奉天未歸
一律且視合字號准設專額者亦覺向隅伯都訥長
春兩廳學額既由合而分即非新建之學可比雖每
學廪增附生不及百名較之奉天昌圖岫巖立學未
久准添拔額之時在學各生名數有加無減近年應
歲試者亦無僅止十餘名之事上年部議只准合拔
一名僅照四川等省初分之學合取未照奉天新建
之學分設兩學生員似均向隅查奉吉兩省由合而
分故吉林事宜均比照奉天辦理兩省同爲

國家根本重地似難與各直省偏隅小縣並衡惟拔萃
爲
朝廷掄才鉅典若非人才蕃盛自應杜其冒濫之階今
既士類奮興亟宜廣其登庸之路當經咨商到　臣以
增於按臨科試時事畢會同眷查光緒九年十二月
禮部咨開議覆前署將軍　臣　玉亮會同臣以增奏請
分設吉林滿蒙合及伯都訥長春兩廳拔貢專額一
摺該省原定學額滿蒙同歸滿號取進所有蒙古選
拔一項應毋庸另添伯都訥長春兩廳同治十一年
各設專學兩廳文生合計雖百餘人光緒六年應歲

試者伯都訥三十四八長春僅十三人查四川新繁
彭縣等分建縣治成案准兩廳合設拔貢一名等因
具奏奉
旨依議欽此分行臣等遵照在案臣以增查學政全書內
載康熙三十六年題准選拔貢生滿蒙二名漢軍一
名從前奉天學册雖無可查而由歷次增添學額現
有三百二十餘名計當時滿生在學諒不過百餘名
又案查同治十年禮部咨行議奏一摺內開奉天各
廳州縣凡設州縣地方均設拔貢定額一名檢查送
部學册開原復州各屬生員僅二十餘名鐵嶺金州

各屬生員僅十餘名今昌圖廳於同治七年設立學額岫巖廳於九年設立學額雖考試伊始人數未必眾多惟歸籍新進各生其人數諒與各廳州不甚縣殊所有二廳請照奉天各州縣例准設拔貢各一名等語又查吉林滿字號滿蒙在學文生一百二十餘名應歲試者五十四名伯都訥學文生五十餘名應歲試者二十一名長春學文生九十餘名應歲試者五十五名是吉林滿號請設滿蒙拔貢專額二名伯都訥長春二廳請設專額各一名實與奉天成例相符而各學應歲試人數較之從前奉天等屬准設拔

貢額時亦皆有贏無絀現既人文日盛自應廣其登
進鼓舞多士向上之機合無籲懇
天恩俯准援照奉天成案添設滿蒙拔貢專額二名伯都
訥長春拔貢專額各一名仍請以來年乙酉科爲始
云云疏入仍照前議行
優貢生凡三年一舉吉林無專額奉天吉林黑龍江
滿合號及各學通行考選共三名府丞冊
武學
滿合二號每五六名取進一名同治初年西安將軍
多隆阿奏加滿字號定額三名七年捐輸案內加合

字號定額二名吉林長春伯都訥舊共額四名咸豐五年九年兩次捐輸加定額四名同治十三年分設專學吉林三名長春三名伯都訥二名光緒七年改撥吉林府四名長春伯都訥各二名伊通敦化額各一名賓州五常雙城農安額各二名三年一考各處冊報

同治七年五次捐輸滿合號各廣二次每次一名吉林廣額一百零四名分二十六次取進每次四名長春伯都訥各廣額二十四名每次取進一名摺檔

繙譯生員

光緒九年將軍銘安玉亮奏准添設十五年將軍長

順副都統卓淩阿始舉行考試照例五六取一因通
順者少取進三名十六年取進四名十八年取進五
名三年兩考戶司文移
銘安玉亮奏言吉林省城原設左右翼滿官學二所
揀委教習專課十旗子弟清文迨咸豐初年征調頻
仍存營官兵無幾清文國語漸至生疏同治八年間
經前任將軍富明阿飭令教習常川在學督課十餘
年來成效未覩臣等到任後留心體察當於光緒七
年三月間飭由分巡道顧肇熙署吉林府知府李金
鏞掌戶司關防協領文全等會議章程增添膏火嚴

查功課復飭協領文全隨時查考去後茲據稟稱兩
翼滿官學自整頓後凡就學肄業各旗子弟雖功課
加密止能誦讀書寫欲求文理優長通曉繙譯之生
徒實難其選若僅嚴定功課而不予以上進之階恐
無以作其精神而動其鼓舞懇請設法調劑等情稟
覆前來臣等查吉林繙譯廢弛係屬實在情形自應
量加調劑以育人材恭閱上年九月邸抄

盛京將軍崇綺欽奉

上諭翰林院侍講學士尚賢奏奉天繙譯廢弛請仿照京
旗及川廣駐防成式等因欽此該省將軍業經遵辦在

案竊維奉吉兩省皆爲我
朝發祥根本之區
國語清文廢弛情形事同一律合無仰懇
天恩俯准將吉林所屬各城滿蒙漢旗童士子援照奉天
現辦成案准應繙譯考試由臣等通飭各城一體遵
辦轉飭各該管官等查有願應繙譯童試者必須勤
督功課縝密無閒庶期儲有眞材以備錄取俟至光
緒十二年歲考之期先由臣等查看能否開考取進
時奏明辦理並請
飭下禮部將各省繙譯童試條例暨學習繙譯各項書籍

頒發到吉以便遵辦

吉林通志卷四十八

學校志五 選舉

孝廉方正

國朝特科有三曰博學鴻儒曰經學曰孝廉方正鴻博科再開經學一開當時皆號得人而吉林無聞焉孝廉方正之科自雍正元年奉

特詔舉行至今凡開六七次吉林得一人焉特志於甲科之前以昭崇實之義云

侯鎮藩吉林人光緒元年舉有傳

進士

金

圖克坦鎰上京路蘇蘇保子明安人大定九年女直進士封廣平郡王

尼瑪哈鑑原作尼龐古鑑隆州人大定十三年女直進士參知政事諡文肅

富察思忠隆安路海蘭烏珠明安人大定二十五年進士翰林學士

烏雅恩徹亨原作兀顏訛出虎隆安府明安人太定二十八年進士汾陽軍節度使

穆延盡忠上京路明安人大定二十八年進士平章
政事封申國公
瓜爾佳錫爾格原作夾谷石里哥上京路明安人明昌五年
進士定海軍節度使
完顏阿里巴斯原作阿里不孫海蘭路明安人明昌五年進
士參知政事
赫舍哩呼實默原作紇石烈胡石門上京路明安人明昌五年
進士御史大夫
持嘉烏新原作赤盞尉忻上京人明昌五年策論進士尚書
右丞

納塔謀嘉上京路音德爾明安人承安五年賜同進士出身翰林院侍講學士

完顏仲德海蘭路人泰和三年進士尚書右丞

富察羅索原作蒲察婁室東北路按春噶爾虎明安人泰和三年進士孟州防禦使

王今黃龍府人狀元劉仲淵榜及第左司郎中以上三人俱見北盟會編二百四十五

按吉林自遼以前未入職方選舉之事無聞焉金時剏業於此其取士之目有七凡上京呼爾哈率賓海蘭皆置女直府學府試策論進士兼及女直

經童凡四處後增爲七處而會甯府咸平府居其二（見金史選舉志）則其得與科目者蓋亦實繁有徒時代悠遠紀載闕如大都湮沒矣今掇其見金史者著於篇

國朝

麻勒吉滿洲正黃旗人順治八年繙譯舉八九年壬辰科繙譯會元狀元授修撰仕至總督

馬維騄吉林人乾隆五十二年丁未科進士江蘇淮安府知府

梁協南伯都訥人道光十六年丙申　恩科進士

河南睢州知州
于淩辰伯都訥人道光二十四年甲辰科進士通政
使司通政使
裕豐漢軍正黄旗人道光二十五年乙巳　恩科
進士戸部河南司廣東司主事
宋炳文吉林人道光二十五年乙巳　恩科進士
直隸冀州知州
于學乾伯都訥人今隸五常咸豐三年癸丑科
欽賜進士翰林院檢討
于蔭霖伯都訥人咸豐九年己未科進士臺灣布政

使
楊誠一吉林人同治七年戊辰科進士直隸永年縣
知縣
于蘅霖原名萬齡伯都訥人同治十三年甲戌科進士直
隸東鹿淶水縣知縣原任萬全縣知縣
魏晉楨吉林人今隸伊通同治十三年甲戌科進士
工部員外郎總理衙門章京
于觀霖原名瑞霖伯都訥人光緒三年丁丑科進士工部
主事
于鍾霖伯都訥人光緒三年丁丑科進士翰林院編

修　記名御史
王熙鎣伯都訥人光緒六年庚辰科進士刑部主事
晉景曾長春人光緒十六年庚寅　恩科
欽賜進士翰林院檢討
齊耀珊伊通人光緒十六年庚寅　恩科進士內
閣中書
貽穀原名吉昌滿洲鑲黃旗人光緒十八年壬辰科進士
翰林院編修
齊紳甲伊通人光緒十八年壬辰科進士卽用知縣
齊忠甲伊通人光緒二十年甲午科進士

附

王珏長春人

欽賜進士科分未詳

舉人

國朝

剛林滿洲正藍旗人後改撥正黃旗天聰八年以漢文考試中式舉人　國史院大學士

李錦　人乾隆九年甲子科舉人

馬惟馭乾隆四十五年庚子科舉人見進士

劉銓　人乾隆五十三年戊申科舉人

馬惟騏　人乾隆六十年乙卯科舉人

梁協南道光十二年壬辰科舉人見進士

于淩辰道光十四年甲午科舉人見進士

慶福滿洲鑲黄旗人道光十七年丁酉科舉人國子
監博士
裕豐道光二十年庚子科舉人見進士
魁福漢軍正黄旗人道光二十三年癸卯科舉人唐
縣教諭
宋炳文道光二十三年癸卯科舉人見進士
于淩雲伯都訥人道光二十六年丙午年科舉人
于學乾咸豐二年壬子科
欽賜舉人時年九十二
于蔭霖咸豐八年戊午科舉人見進士

穆清滿洲鑲黄旗人咸豐九年己未　恩科舉人
東魁滿洲鑲藍旗人咸豐十一年辛酉科舉人
春林滿洲鑲紅旗人同治元年壬戌　恩科舉人
楊誠一同治三年甲子科舉人見進士
于觀霖同治三年甲子科舉人見進士
錫純滿洲鑲黄旗人同治六年丁卯科舉人吏部文
選司員外郎
于炳堃伯都訥人今隸五常學乾子同治六年丁卯
科舉人
奎綬漢軍正白旗人同治十二年癸酉科舉人

明魁滿洲阿勒楚喀正黄旗人同治十二年癸酉科

舉人

魏晉楨同治十二年癸酉科舉人見進士

張椿齡吉林人同治十二年癸酉科舉人

于衡霖同治十二年癸酉科舉人見進士

于鍾霖同治十二年癸酉科舉人見進士

貽穀光緒元年乙亥　恩科舉人見進士

王耀德伯都訥人光緒二年丙子科舉人

王熙鋆光緒五年己卯科舉人見進士

徐景曦伯都訥人光緒五年己卯科舉人

樫格原名富隆阿包衣佐領下人光緒八年壬午科舉人
工部筆帖式
王文珊伯都訥人光緒八年壬午科舉人
王廷槐伯都訥人今居五常光緒十一年乙酉科舉
人
魯景曾光緒十四年戊子科
欽賜舉人見進士
蔭昌滿洲鑲黃旗人光緒十四年戊子科舉人刑部
筆帖式
澂瀛原名崇禮滿洲正藍旗人光緒十四年戊子科舉人

淩喜滿洲鑲紅旗人光緒十五年己丑　恩科舉
人
張光鼐吉林人光緒十五年己丑　恩科舉人
齊耀珊光緒十五年己丑　恩科舉人見進士
郭星五漢軍赫爾蘇邊門人光緒十七年辛卯科舉
人
齊紳甲光緒十七年辛卯科舉人見進士
齊忠甲伊通人光緒十七年辛卯科舉人見進士
鍾岳滿洲鑲黄旗人光緒十九年癸巳　恩科舉
人

楊浩生吉林人光緒十九年癸巳　恩科舉人
齊耀琳伊通人光緒十九年癸巳　恩科舉人
朱瀚章吉林人光緒十九年癸巳　恩科舉人
雲祥漢軍鑲藍旗人光緒十九年癸巳　恩科舉人

附王琠

欽賜舉人科分未詳

五貢

高修德

楊玉章

楊照以上三人俱恩貢見盛京通志年分籍貫俱無考

馬兆熊拔貢見盛京通志科分籍貫俱無考

陳其器永吉州拔貢見盛京通志科分無考

張傑　人天津縣訓導

李洪學　人青縣訓導

王廷璘

鄭楫　人晉州訓導

王兆麒　人望都縣訓導

王警以上六人俱歲貢見盛京志年分籍貫俱無考

李麟　人乾隆三十年乙酉科拔貢

楊清久　人乾隆三十四年歲貢

甯廷璧　人乾隆三十九年　恩貢

劉偉　人乾隆三十九年歲貢

王傑　人乾隆四十二年丁酉科拔貢

王懷温　人乾隆四十四年歲貢

王光裕　人乾隆四十九年　恩貢

陳志星一作智眞　人乾隆四十九年歲貢

宋桂芳　　入乾隆五十四年　恩貢

甯天祿　　入乾隆五十四年己酉科拔貢

張恭　　入乾隆五十四年歲貢

宣麟　　入乾隆五十九年　恩貢

齊尚懿　　入乾隆五十九年歲貢

武青選　　入嘉慶四年　恩貢臨汾縣知

縣

楊實　　入嘉慶四年歲貢

馬維驄　　入嘉慶六年辛酉科優貢

劉楅生　　入嘉慶九年　恩貢

顧懷艮　　人嘉慶九年歲貢

沈志樸漢軍　　旗人嘉慶九年甲子科優貢

趙經元　　人嘉慶十四年　　恩貢

韓謙　　人嘉慶十四年歲貢

沈承瑞漢軍　　旗人嘉慶十五年庚午科優貢

陳志英　　人嘉慶十八年癸酉科拔貢

張文蔚　　人嘉慶十九年歲貢

七車布滿洲　　旗人嘉慶二十三年歲貢

吳黃金　　人嘉慶二十四年　　恩貢

勾功　　人嘉慶二十四年歲貢

田烈功漢軍　旗人道光三年歲貢

武金義　人道光四年　恩貢

馬光第　人道光四年歲貢

王錫伯都訥人道光五年乙酉科拔貢

按以上明經姓名據吉林外紀錄乾隆五十九年以前　盛京志所載同籍貫均畧考永吉州在雍正十三年設立廩增各貢長甯縣即伯都訥學旋設旋廢所取進童生二名附於永吉州學內諸人籍貫雖無可考蓋吉林爲多伯都訥亦間有之滿合號自嘉慶十三年後方有貢額今考所錄要非闕佚

云

高鵬搏　人歲貢

馬天驥　人歲貢以上二人據吉林府學册錄年分並失考

夏人和　人　恩貢

陳魚門　人　恩貢

劉配禮　人歲貢

陳開第　人歲貢以上四人俱伊通報册錄本屬吉林學令隸伊通年分並失考

李傑伊通人道光十四年甲午科副榜

恭先滿洲正黃旗人道光十五年歲貢

夏雲和本吉林學今隸伊通道光十七年丁酉科拔
貢歷任廣東昌化信宜遂溪感恩等縣知縣
闞交魁漢軍伊巴丹站人道光二十六年歲貢
巴音佈滿洲鑲紅旗人道光二十八年歲貢
高石峯長春人道光二十九年　恩貢
夏以敬本吉林學今隸伊通道光二十九年己酉科
拔貢宗室漢學教習
吳中興吉林人道光二十九年歲貢
王維清長春人咸豐四年　恩貢
王清芬伯都訥人咸豐四年　恩貢

葛清懷吉林人咸豐四年　恩貢
李元慶長春人咸豐四年歲貢
何久徵漢軍伊通邊門人咸豐六年歲貢
富欽保滿洲鑲白旗人咸豐九年歲貢
齊澤鈞吉林學今隸伊通咸豐九年　恩貢
李宴卿吉林人咸豐九年歲貢直隸衡水縣知縣
于觀霖咸豐十一年辛酉科拔貢見進士
別瑛長春人咸豐十一年辛酉科優貢
趙永裔漢軍鑲紅旗人同治元年壬戌　恩科副
榜

侯翰宗吉林人同治三年　恩貢
楊維城吉林學今隸伊通同治三年　恩貢
程鵬南長春人同治三年歲貢
王耀德同治三年甲子科優貢見舉人
張鵬南漢軍巴彥鄂佛羅邊門人同治五年歲貢
錫恩滿洲鑲黃旗人同治八年歲貢
郭蔭青吉林人同治八年　恩貢
趙錦堂長春人同治八年歲貢
于鍾霖同治十二年癸酉科拔貢見進士
晉昌滿洲鑲黃旗人同治十三年　恩貢

德淩蒙古正藍旗人同治十三年歲貢

魁榮漢軍正紅旗人同治十三年　恩貢

王汝霖漢軍鑲藍旗人同治十三年歲貢

鄭鐸吉林人同治十三年　恩貢

張殿蘭吉林學令隸伊通同治十三年歲貢

王守鈞伯都訥人光緒元年乙亥　恩科副榜

高培田長春人光緒元年乙亥　恩科副榜

于翰翱伯都訥人觀霖子光緒二年歲貢

富隆阿滿洲鑲白旗人光緒五年　恩貢

淩喜光緒五年　恩貢見舉人

德恒蒙古正藍旗人光緒五年歲貢
孫永年漢軍烏拉站人光緒五年　恩貢
杜鴻運漢軍雙城堡鑲黃旗人光緒五年　恩貢
王福臻漢軍阿勒坦額墨勒站人光緒五年歲貢
楊維垣吉林學今隸伊通光緒五年　恩貢
齊紳甲光緒五年　恩貢見進士
趙韞輝吉林人光緒五年歲貢現官景州訓導
馬景栻長春人光緒五年　恩貢
夏景梅長春人光緒五年歲貢
徐景奎伯都訥人光緒九年　恩貢

于湛霖伯都訥人光緒九年　恩貢
于琪霖伯都訥人光緒九年歲貢
王玉琦長春人光緒九年　恩貢
張自書長春人光緒九年　恩貢
何曉川長春人光緒九年歲貢
和祿滿州正紅旗人光緒十年　恩貢
忠祥滿洲正藍旗人光緒十年歲貢
何棫樸漢軍伊通邊門人光緒十年　恩貢
孫桂一漢軍阿勒坦額墨勒站人光緒十年歲貢
吳鎮雍吉林學今隸伊通光緒十年　恩貢

賈魁昌吉林人光緒十年歲貢
蔭昌光緒十一年乙酉科拔貢見舉人
多祿漢軍正黃旗人光緒十一年乙酉科拔貢
牟康年吉林人光緒十一年乙酉科拔貢
何清永伯都訥人光緒十一年乙酉科拔貢
譚奉璋伯都訥人光緒十一年乙酉科優貢
董雲青長春人光緒十四年歲貢
邢鑒堂伯都訥人光緒十四年歲貢
景廉滿洲鑲黃旗人光緒十四年戊子科副榜
志雲漢軍正白旗人光緒十四年戊子科副榜

齊耀琳伊通人光緒十四年戊子科副榜

畯昌滿洲鑲黃旗人光緒十五年　恩貢

富菱阿滿洲鑲黃旗人光緒十五年歲貢

德祿漢軍正藍旗人光緒十五年　恩貢

鍾祺漢軍正黃旗人光緒十五年歲貢

李雲衢吉林人光緒十五年　恩貢

趙成裕吉林人光緒十五年歲貢

于霖中長春人光緒十九年　恩貢

張心田長春人光緒十九年　恩貢

附

徐景曦　恩貢年分未詳見舉人

武科

金

瓜爾佳實倫隆安人以武舉登第金安軍節度使

國朝

錢蔚甯古塔人乾隆十五年庚午科武舉

柳溥甯古塔人乾隆十七年壬申　恩科武舉

陳起鵾甯古塔人乾隆十七年壬申　恩科武舉

郭衞城吉林學今隸伊通同治六年丁卯科武舉

常林滿洲鑲黃旗人光緒五年己卯科武舉

恩科滿洲正白旗人光緒八年壬午科武舉

乾清門三等侍衛

劉元德吉林人光緒八年壬午科武舉

王虎臣長春人光緒八年壬午科武舉

柳占河伯都訥人光緒十一年乙酉科武舉

王殿甲雙城人光緒十四年戊子科武舉

吉林通志卷四十九

學校志六　書院

吉林府崇文書院在朝陽門內試院迤東同治十三年紳士捐建肄業有舍講論有堂門廳庖廚規制略備東西院爲多忠勇伊壯愍二公祠光緒十三年修葺並增建從屋十二楹十七年因後院設志書局添建客廳三楹十八年重修大門並門房五楹膏獎經費將軍奕榕學政王家璧張澐卿先後捐廉六百兩光緒七年將軍銘安由考棚息銀項下提撥銀五千兩發商生息爲書院專款十二年十三年續撥銀六

千四百兩十八年積存利銀及修考棚餘銀二千五百兩俱發商按月息一分貢生胥昌捐甯什吟安子溝學田一百五十三晌五畝十八年在近城置地十五晌每晌租錢三緡都司銜季鳳捐額和穆地十餘晌每年得租錢三十五緡報銷册十九年分巡道訥欽

重修有記

記曰傳曰學之不講是吾憂也聖人且憂之學聖人者其可晏然以居不思所自令習於玩愒而成德達材一切無所聞於世耶書院之設唐始備顧問宋多談道學惟胡氏經義治事分齋體用並講洎近世但

課文藝矣雖然技且進於道文學四科之一由是而
言語以澤政事以通德行以企孰非聖人之徒哉同
治十一年都人士醵建書院其歲費則當道諸公相
與經營之於是肄業有所廩給有資官月一課將軍
分巡道知府以次主焉齋課嘗一延師旋謝去權以
教官越光緒十七年訥欽承乏分巡道例與外益思
所以爲諸生勸未遑也又二年乃集都人士修葺院
宇禮聘師儒增廣課額卽舊章稍稍變通之繼自今
吉林文學其遂振興乎今夫風會有時開而人才不
以地限也自昔已然蜀於漢介西南夷文翁化之司

馬相如楊雄王褒之倫相望而起周以蠻方視吳言游氏與列聖門最號爲知禮然則豪傑非可限以地

吉林又

龍興所肇

國家文明之治垂三百年生是邦者其可晏然以居不思所自令習於玩愒而成德達材一切無所聞於世耶所望諸生優游於文藝本之經參之史入盡倫常出率名教而以器識先之聖學之講不惟是而亦不必皆出於是也

伊通州啟文書院在州署南半里光緒十一年知州

貞啟章營建月課經費共捐銀五千四百五十兩三千兩已發商生息餘銀尙未交齊册報
長春府養正書院光緒十年署通判李金鏞捐建在城北迤東大門五楹次爲考棚又次五楹爲講堂額曰敬業東西各六楹爲生童肄業所又次五楹中奉朱子栗主東居山長西爲藏書室十一年續建四齋於後凡十一楹爲生童學舍定額住院肄業生員十二名童生二十三名存放本城各當鋪燒鍋城錢二萬八千緡息月一分存放四鄉各燒鍋屯錢二萬六千緡息月八釐每年共收息錢五千八百五十六緡

爲書院經費李金鏞有記徵信錄

伯都訥廳種榆書院在孤榆樹屯學宫之北同治十一年紳士捐建册報

希元奏言竊據吉林分巡道顧肇熙禀據紳士于岱霖等呈稱自省城崇文書院建立以來經費無出未能開課經故紳衣雲捐毛荒一段錫恩捐毛荒一段錫恩之子晉昌承父遺志復捐毛荒一段均在府屬境内陸續升科共計官租地一百八十九晌該處山深土冷招墾維艱一年所入止敷官租而書院仍毫無沾溉又據于岱霖等呈稱前將文昌閣奎星樓等

工餘款並借款呈領新設五常廳屬毛荒一百五十
方籌捐開墾爲吉林伯都訥長春三屬書院義學學
田繼因招墾維艱諸費日積借款本利無著大租且
致入懸於同治七年經前將軍富明阿奏經戶部議
准按年照熟升科行令遵照在案當覈捐工餘款京
錢一千八百千照數截留荒地一段其餘原領荒價
變價歸借又經候選知縣于若霖承叔父于凌雲遺
志捐資三千四百千截留荒地一段陸續升科共計
官租地二百五十三晌三畝一分每晌佃租一石五
斗僅敷完納正供無以津貼書院紳等歷世經營積

數十年之久費數萬千之多轉恐積累日深書院永
無沾惠之望可否仰求奏懇准將此項地畝一律免
其租賦爲各書院公產再此項地畝在五常界內距
伯都訥較近距吉長二屬甚遠原係三屬公款籌辦
擬由伯都訥紳戶將現費招墾等錢一萬千有奇作
爲一萬千捐籌其三分之二分歸吉長二屬各得一
分另行設法生息接濟各書院經費其地則全數永
爲伯都訥書院義學公產紳等籍貫分隸三屬屢經
會商意見相同呈由該道稟請覈奪飭檢舊案所呈
尚屬相符伏念吉疆地處極邊春遲秋早耕穫之利

本徵加河渠不通轉運匪易穀價因之甚賤凡自業
耕鑿者謀飽極易輸課甚難而任佃之家田產雖多
實穫彌寡旗民俊秀子弟頗知茹苦讀書困於身家
亦每舍本而逐末揆之闔境大抵如斯紳等所稱捐
置書院田產只敷納課絕少餘貲累世經營沾惠無
望確皆實在情形在
國家租賦正額所關原不容輕議蠲豁在
聖朝作育人才之意似當邀
逾格栽培剔蠲豁於民間者無多而推廣於
文化者甚大臣　權其輕重不敢壅於

上聞合無仰懇
天恩飭下部議准將吉林所屬租額地一百八十九晌作
爲吉林崇文書院膏火地畝五常廳屬租額地二百
五十三晌三畝一分作爲伯都訥種榆書院及義學
膏火地畝永遠豁其租額庶令多士學業有資並請
將伯都訥紳戶捐還吉林長春兩屬原捐之資仍歸
兩屬書院月課生息作爲永遠經費各情准其立案
俾我
朝根本之區武備精而文教並盛士風振而民俗益馴
出自

聖主鴻慈除俟奉准部覆再行飭覈租額地册逐款開除
造報戸部檔摺
賓州廳菁化書院在學宫西光緒十八年署同知吳
瞻菁改建先是署理廳事黎尹融醵貲構屋兩進配
以東西廡外爲大門擬𠜂修學宫工未竣瞻菁至別
度地建學因改葺爲書院圖說
雙城廳書院房屋共八楹光緒十八年捐建册報
官學　義學
吉林左翼官學屋八楹右翼官學屋六楹盛京通志作兩翼
房各十間在

文廟西南半里許康熙三十二年官兵捐建乾隆七年修葺助教官二員每翼教習四名由領催披甲内選用八旗每佐領學生額四名習清文騎射吉林外紀三十一年重修嘉慶十一年災重修工司冊光緒七年將軍銘安奏准添委滿文教習各三員奏疏

吉林蒙古官學屋三楹在

文廟西南半里許乾隆六年蒙古八旗兵營建五十八年重修教習係蒙古繙譯筆帖式兼充生徒無定額習蒙古文騎射吉林外紀

白山書院屋五楹在蘆局街嘉慶十九年將軍富俊

購民居爲之吏部尚書鐵保謫戍吉林榜以今名並
跋嗣富俊以其地近市喧雜改修賓館即舍後建學
舍五楹額如故吉林外紀光緒七年將軍銘安奏准先後
添委教習三員漢教習一員教十旗子弟漢文文移
鐵保白山書院跋曰此邦人士重武備而略文事將
軍富俊副都統松箖首創書院延前歸德守熊西山
之書前經歷朱愼崖宇泰前福建令朱玉堂履中主
講席彬彬絃誦文教日興余喜其剏始之難而樂觀
其成也於是乎書
吉林繙譯官學在城內試院西光緒九年將軍銘安

奏請設立十七年將軍長順飭建屋七楹教習一員由京奏調三年期滿每旗學生三名十旗共額三十名提撥賓州雙城二廳燒商月納酒稅一款隨同票課解交省庫爲永遠經費劄稿

吉林府義學一所在城內東南隅知州杜薰捐俸建盛京舊志光緒九年將軍銘安吉林道顧肇熙在東關建置學舍設立五齋西關北關二齋俱賃民房奏撥伊通河南圍荒納租地九千三百五十九晌九畝據檔冊原作八千餘晌以其直及租銀每年大租銀共一千六百八十四兩七錢八分二釐據檔冊爲常年經費十一年

十三年將軍希元令紳士姚福升淩雲在河南街適中處所購地陸續興修學舍凡蒙學二十二齋每齋學生十二名經學二齋每齋學生十名旗民兼收屋五十有一楹磚圍牆五十五丈九尺堂額曰爲時養器將軍希元書並跋義學章程

跋曰義學爲前任銘鼎臣將軍奏設培植孤寒子弟旗民兼收誠

國家根本至計也當時學止九齋依城散處予至雞林之明年觀察使顧君緝廷舉姚子福升淩子雲董其事並以拓廣學舍爲請乃營城之中鳩工庀材兩載

告竣合前學計共二十有二齋取田租廛額爲費延
師購書次第就理今予奉
命量移入閩行且有日樂此學之成而又念陶獎童蒙之
無非爲
國養器也因題其額並進二三子諗之曰大道不器尚矣
雖然吾願以成器期也昔人謂樸中有器非匠不崇
彼諸童未雕未琢大才成大善小才成小善是在養
之何如耳若夫期之淺而報乃深此丱角者竟成異
日公輔焉非徒無負設學之初心抑又余之過望也
已

伊通州義學在書院西北隅屋三楹知州負啟章捐建光緒十一年吉林道豐伸泰頒發中錢四千緡存商月息一分冊報

長春府義學在同善堂內因經費不敷暫歸書院兼辦同善堂章程

賓州廳義學光緒十一年署同知毓斌在城內設立分爲二齋日窮理日居敬冊報

雙城廳義學未建光緒九年撥廳屬閒空地基收取租息作生徒經費冊報

甯古塔左右翼官學在城內東南隅屋六楹冊報作五間

雍正六年捐建乾隆五十七年奏請官銀修葺每學教習筆帖式一員八旗每佐領學生額六名吉林外紀工司冊同

甯古塔漢義學在城內東南隅文昌廟北屋三楹建年未詳光緒八年增建五楹分爲三齋教習三名冊報

伯都訥左右翼官學在城南門內文廟迤西屋五楹東西廂各三楹雍正四年八旗兵營建委教習二員每旗學生額六名冊報乾隆四十六年四十八年重修工司冊同治九年添設滿教習一員由無品級筆帖式內揀用三年期滿冊報

三姓左右翼官學在城内東南隅奎星樓北就
文廟内建東西廂各三楹雍正五年外紀俱作十二年盛京通志吉林
捐建給事中王錦奏准設立無品級滿學官一員十年
增設無品級滿學官一員冊報八旗每佐領學生額四
名吉林外紀乾隆十七年二十六年俱重修冊工司同治八
年將軍富明阿奏准增設總教習一員由無品級筆
帖式内送省揀用又添委滿教習二員光緒元年副
都統長麟添設漢教習四員由三姓附生内挑充捐
貲改修東西廂各五楹東齋讀滿文西齋讀漢文冊報
阿勒楚喀官學在舊城中衙署西屋五楹舊只三楹

雍正五年八旗兵營建教習筆帖式一員八旗每佐領學生額三名（吉林外紀）乾隆五十五年嘉慶元年俱重修（工司冊）同治十四年重建（冊報）

拉林官學在拉林堡內東北隅乾隆二十一年建八旗教習一員每佐領名下額送學生三名肄業（盛京通志）房五楹大門一楹三十三年五十三年道光咸豐年間俱重修光緒十八年協領保成報請由公倉糶穀項下撥款重修（摺檔）

琿春官學屋三楹雍正五年八旗兵營建（工司冊）

琿春昌明書院光緒十七年副都統恩澤建屋五楹

東西廂各五楹以教八旗子弟滿洲處西漢軍處東_{册報}

案原册云中五楹奉

至聖先師孔子木主傍列四配十二哲春秋祭奠

烏拉官學在城中過街牌樓東雍正七年建前三楹爲漢學後三楹爲滿學由旗内揀選八員教八旗子弟讀書騎射_{册報}每歲額送學生四名嘉慶二年修葺

吉林外紀同治九年將軍富明阿奏設滿教習一員_{册報}

烏拉漢義學在城内乾隆三十年總管所柱捐建_{吉林外紀}

額穆赫索羅官學屋三楹八旗兵營建教習筆帖式未設生徒無定額同上

試院府廳考棚附

吉林試院在學宮東偏同治七年紳士于淩雲慶福等以赴奉天考試路途窵遠呈請將軍富明阿副都統毓福具奏在吉林捐建考棚部議駁斥九年再奏報可三廳旗民共捐銀三萬五千兩以一萬五千兩購地興修檔案大堂五楹龍門一座東西文場四百餘號外爲大門爲照壁門之東有巡捕房承差房門廳厨廄咸備堂後爲客廳五楹顏曰景韓堂又後五楹

曰有妙香室學使張緒楷題圖說又銀二萬兩由戶司
發商生息得銀七千二百兩學憲歲科按臨以五千
兩動用外餘酌留歲修大修光緒十七年重修檔案
富明阿毓福奏言同治七年春間據吉林紳士呈請
捐資建立考棚當經據情陳奏並恭錄道光十三年
諭旨旋據部臣奏稱係爲統顧時勢起見自屬實在情形唯
聖諭煌煌理宜遵守未敢率准更張等因奉
旨依議欽此臣等恭讀之下不勝悚惶何敢再爲賣請第今
吉林開闢日廣人民日繁一切情形迥非昔比數年
來雖將馬賊剿洗肅清然恐根株未淨蠢動堪虞欲

化梗頑莫如柔以文德若使學政按臨宣揚
聖教甄拔善良必有以鼓其向善之誠而戢其不馴之氣正
在籌策全局謹擬覆奏復據紳士慶福等呈稱吉林
旗民文武各童向赴奉天寄棚考試唯讀書應考者
寒素居多限於途遠貧艱每多中廢黑龍江距奉尤
稱窵遠雖經設額迄今仍無赴考之人懇求再奏俯
准吉林捐建考棚學政按臨不獨嘉惠士林藉可整
齊風化臣詳查該紳士所請各情均關維持世道潛
消亂萌之意況捐立公署考棚及一切經費銀至三
萬五千兩之多吉林素稱寒苦臣等一允陳請不數

日間皆能竭蹷以圖輸將恐後人心之鼓舞可知及經部議駁斥闔省士氣頓爲消沮夫爲治之道貴乘其機祇此學臣按臨一事如所請則欣然交勉不如所請則嗒然若失其機如此此實臣等目睹之情形也部臣以

聖諭煌煌理宜遵守飭駁臣等至庸極陋亦知恪遵

聖諭何敢妄議更張所以陳請變通者誠以我

朝重熙累洽

列聖相承吉林士子涵濡

德化又歷

三朝士氣文風迥非昔比歷年所加學額爲數益繁較道光
年間幾增十倍若仍附考奉天遠隔千里資斧不易
是予以額數之寬而限以道途之遠非所以昭
皇仁而作士氣況黑龍江去奉更遠學額雖設應試無人若
吉林設立考棚吉林士子赴試固易卽黑龍江人士
亦得就近附考必不致學額久懸此今昔情形不同
所宜亟籌通變者也至八旗以騎射爲本卽有應試
文童亦必先看其馬步箭合式方准送考況學政按
臨文武並試武童應試省城時八旗子弟亦可藉以
觀摩尤於騎射大有裨益且臣等自到任以來卽親

督助教等官教以清文兼演騎射是以旗童習藝日
見加益而各外城已於上年奏請添設滿教習將見
通省八旗子弟不忘根本而清語騎射蒸蒸日上卽
梗化愚民亦可相觀而善矣是吉林建立考棚在昔
日恐以長浮華今日正以厚風俗在昔日恐有妨本
務今日適以繫人心此時此勢欽惟我
宣宗成皇帝在天之靈當亦默爲
降鑒也是以會同奉天學臣合詞籲懇
恩准捐建考棚學政按臨考試暨黑龍江旗民士子亦請准
以就近附考至學政按臨時所有士子卽照直隸州

經行錄送學政之例由吉林同知錄送並歲科連考
各事宜自應查照成例辦理所需經費係紳士公捐
應請免其報銷摺檔
張澐卿吉林試院記吉林與奉天黑龍江稱東三省
國初吉林烏拉屬甯古塔昂邦章京統轄康熙間改昂
邦章京爲鎮守將軍移駐烏拉之船廠城雍正四年
於其地置州曰永吉隸奉天府乾隆十二年裁永吉
州改爲吉林廳地東南陬故有州學隨改爲吉林學
道光七年增設伯都訥長春學額並隸吉林學官諸
生歲科試附瀋陽如故

今上御極之九年都人士以請建試院籲鎭帥上聞奉
詔報可迺釀資庀材度地學宮之左堂皇東西宇內廨賓館
吏舍庖廚以次畢具經始是年正月越今年八月落
成澐卿奉職按臨其地校閱弟子員百數十人應童
子試者千數百人駸駸乎向盛矣粤稽
太祖高皇帝以武功崛興遼左奄有葉赫輝發烏拉甯古塔
諸地
太宗底定全遼修舉前代廟學設科取士而文教聿興
世祖撫臨方夏初於永平僑置遼學繼立遼陽府學蓋廣招
徠以振儒風二百年來建學設官有加無已關左人

文幾欲比隆
畿甸恤品合蘭之地皆欣欣焉慕稽古之榮而篳門寒
畯西望
陪京或以道阻且長爲慮
天子嘉惠士林鴻慈逾格俾得從容就試無山川跋涉之勞
爾多士宜如何報稱歟其在詩曰肆成人有德小子
有造古之人無斁譽髦斯士又曰肅肅兔罝椓之丁
丁赳赳武夫公侯干城多士生長岐豐承
列聖作人之化當必有譽髦干城爲
國家致用者矣夫役之剙始不可無紀而宣

上德以達下情亦使臣之職也於是乎書

長春府考棚在養正書院內光緒十年署通判李金鏞營建前爲龍門東西號舍十八間後即書院講堂徵信錄

伯都訥廳考棚在孤榆樹屯種榆書院內光緒元年將軍奕榕副都統奕艾奏言訥屬輿地遼闊城垣偏在一隅所有民戶皆附近孤榆樹屯居住屯中設有書院每歲廳官即在此徵收錢糧由榆赴城往返千餘里童試不免跋涉之苦查學政全書儒學事例內載有童生考試准用收糧公所等語與訥屬情形相

符懇請即在書院内添設考棚以歸簡易嗣經紳士
捐建號舍十間奏疏